Realisation der deutschen Ausgabe:
trans texas publishing services GmbH, Köln
Übersetzung: Heinrich Degen, München;
Franz Leipold, Violau
Lektorat: Nicole Bilstein, Malmö
Fachlektorat: Axel Steinhardt, Köln
Satz: Regine Ermert, Köln

ISBN 978-1-4748-1678-6
Printed in China

INHALT

EINLEITUNG

Entdecken Sie unseren unglaublichen Planeten: seine uralten Gesteine, gewaltige Naturereignisse wie Erdbeben und Vulkanausbrüche, sein vielfältiges Wetter und Klima und seine großartige Pflanzenwelt. Vollgepackt mit Informationen und großzügig illustriert, finden Sie hier die Geschichte unserer Erde – angefangen von ihrem Kreislauf um die Sonne bis hin zu den innersten Geheimnissen von Bäumen und Blumen.

Zeit und Gezeiten

Die Erde ist der einzige Planet in unserem Sonnensystem, auf dem es Wasser in flüssiger Form gibt. Nur darum konnte sich über Milliarden von Jahren so eine große Artenvielfalt entwickeln. Alle Lebensrhythmen – Jahreszeiten, Tag und Nacht, Ebbe und Flut – entstehen dadurch, dass die Erde ständig die Sonne umkreist und ihrerseits von ihrem natürlichen Satelliten – dem Mond – umkreist wird. Dieses Buch erklärt, welche Auswirkungen die Neigung der Erdachse hat, wie der Mond Ebbe und Flut beeinflusst und wie die Anziehungskraft der Erde unseren Planeten vor Schäden durch die Sonnenstrahlen schützt.

Geologie und Entstehung

Die Gesteine sind gewissermaßen das Geschichtsbuch der Erde und liefern Informationen über ihre Vergangenheit. Die Geologie erforscht als Wissenschaft die lange Geschichte des Planeten Erde. Gesteinsmaterial aus den Staub- und Gaswolken, die vor 4 Mrd. Jahren um die Sonne kreisten, und alte Gesteinsformationen sind stumme Zeugen der Kataklysmen, die unser Planet im Lauf der Zeit durchlebte. Unscheinbare Felsbrocken bergen Hinweise auf Lebensformen, die vor Millionen von Jahren existierten.

Für frühere Kulturen waren Steine Symbole des Ewigen, aber auch Gesteine unterliegen einem Kreislauf, der durch geodynamische Kräfte bewirkt wird. In 50 Mio. Jahren werden die uns bekannten Landschaften ganz anders aussehen – ganz gleich, ob Anden, Himalaja, das Eis der Antarktis oder die Wüste Sahara. Verwitterung und Erosion arbeiten langsam, aber unaufhörlich. Auch dann wird es Gesteine geben, deren chemische Zusammensetzung, Form und Struktur die geologischen Veränderungen dokumentieren.

Die Kräfte der Natur, die unseren Planeten formen, werden durch Bewe-

Kilauea
Dieser Vulkan auf Hawaii ist einer der aktivsten Schildvulkane der Erde.

gungen des Gesteins im Untergrund freigesetzt. Erdbeben zerstören Städte, und die Lavaströme von Vulkanen können Ansiedlungen auslöschen und Landschaften komplett verändern. Erdbeben am Meeresboden können Tsunamis auslösen, tödliche Wellen, die mit der Geschwindigkeit eines Flugzeugs über den Ozean rasen, die Küstengebiete überschwemmen und Tausende von Toten fordern.

In vielen alten Kulturen hielt man Vulkane für den Wohnsitz von Göttern, weil man sich so deren angsteinflößendes Wüten erklärte. Vulkane stoßen Lavaströme aus, die blühende Landschaften in eine öde Wildnis verwandeln können. Die glühende Lava vernichtet alles auf ihrem Weg. Die durch Eruptionen in die Luft geschleuderten Aschen und Gase können Menschen, Tiere und Pflanzen ersticken. Doch schon bald zeigt sich neues Leben, denn Lava und Asche liefern einen äu-

ßerst fruchtbaren Boden. Aus diesem Grund leben auch viele Bauern trotz der Gefahr in der Nähe der „rauchenden Berge". Niemand kann die Naturgewalten kontrollieren. Was dem Menschen bleibt, ist, alles immer wieder neu aufzubauen und weiterzuleben.

Unwetter und Vulkanausbrüche sind in gewissem Maß vorhersehbar, Erdbeben aber bringen ohne jede Vorwarnung Zerstörung und Tod. Die Erde wurde in ihrer Geschichte unzählige Male von Erdbeben erschüttert. Einige richteten enorme Schäden an, wie das Beben von San Francisco 1906, das eine Stärke von 8,3 auf der Richterskala erreichte und bis Oregon spürbar war.

Wetter und Klima
„Kann der Flügelschlag eines Schmetterlings in Brasilien einen Tornado in Texas auslösen?" Diese Frage stellte der Mathematiker und Meteorologe

Edward Lorenz 1972. Er versuchte, eine Möglichkeit zur Vorhersage jener meteorologischen Ereignisse zu finden, die Menschen gefährden. Die Atmosphäre der Erde ist allerdings ein so komplexes System, dass viele Wissenschaftler es als chaotisch bezeichnen.

Wettervorhersagen ändern sich schnell und ständig. Das Wetter betrifft das Leben der Menschen in vielfältiger Weise, nicht nur dann, wenn man sich, anstatt an den Strand gehen zu können, vor einem anrückenden Hurrikan in den Keller flüchten muss. Unwetter und ernste Klimastörungen können katastrophal sein. Die Menschen in den von Tornados, Hurrikanen und Tropenstürmen heimgesuchten Regionen leben in Angst vor Tod und Zerstörung. Diese Naturphänomene werden zur Katastrophe, wenn sie bewohnte Gebiete oder Ackerland verwüsten. Die Erfahrung lehrt, dass wir mit solchen Ereignissen leben und uns auf ihr Eintreten einrichten müssen.

In diesem Buch finden Sie nützliche Informationen über die Faktoren, die Wetter und Klima bestimmen, und über die Methoden der Wettervorhersage. Die Meteorologie hilft den Menschen, sich auf widrige Wetterumstände einzustellen. Außerdem erfahren Sie, warum eine langfristige Vorhersage so schwierig ist. Diese und viele andere Themen werden hier behandelt, zu Ihrer Information und um Ihre Neugier auf all die Aspekte zu wecken, die das Leben auf der Erde beeinflussen.

Die Welt der Pflanzen

Weltweit gibt es mehr als 400 000 Pflanzenarten und daneben existieren zahlreiche Arten von Pilzen und Algen. Sie wachsen in ganz unterschiedlichen Gebieten, von der gefrorenen arkti-

SATELLITENBILD
Auf dieser Aufnahme der Erde kann man die Bewegungen von Luft und Wasser in der Atmoshäre deutlich erkennen, die neben anderen Faktoren für Temperaturunterschiede verantwortlich sind.

DER ERSTE SCHRITT AUF DEM WEG ZUM SAMEN
Auf diesem fantastischen Bild sieht man Pollenkörner auf der Narbe der Echten Arnika (*Arnica montana*).

schen Tundra bis hin zu den üppigen tropischen Regenwäldern.

Die ersten Pflanzen auf unserem Planeten halfen, nacktes Gestein in Boden zu verwandeln. Wie dies geschah und was für eine komplexe Materie der Boden darstellt, können Sie hier erfahren. Außerdem wird erklärt, wie sich Pflanzen, Algen und Pilze voneinander unterscheiden.

Ohne Pflanzen gäbe es kein tierisches Leben. Pflanzen sorgen für eine zum Atmen geeignete Atmosphäre und sind eine lebenswichtige Quelle für Nahrung, Medizin und Rohmaterial. Die großen Wälder sind wertvolle natürliche Ressourcen und gleichzeitig die „Lungen" des Planeten. Die Fotosynthese, mit der Pflanzen Sonnenlicht in Kohlehydrate wie Zucker und Stärke verwandeln, ist ähnlich faszinierend wie etwa ihre Fähigkeit, sich durch Ausbildung tiefer Wurzeln, wasser-

speichernder Stängel und Dornenblätter an das Überleben in der Wüste anzupassen. Eine faszinierende Bildsequenz zeigt, wie sich aus einem winzigen Samenkorn eine Pflanze entwickelt, wächst, blüht und Samen für die nächste Generation von Pflanzen produziert.

Warum Pflanzen so viel Energie in die Produktion von Blüten investieren, ist eine weitere spannende Geschichte, und hier können Sie erfahren, wie die Bestäubung von Pflanzen vor sich geht. Wussten Sie, dass Wind und Insekten bei der Bestäubung helfen und manche Blumen nur von einer einzigen Insektenart bestäubt werden? Hier finden Sie eine Fülle faszinierender Informationen mit spektakulären Bildern und Illustrationen, die Sie mitten ins Herz eines Baumes führen, um die Funktionen der Pflanzenstrukturen bis in die Adern der Blätter zu erschließen.

Der Blaue Planet

Die Erde ist auch als Blauer Planet bekannt, denn die Ozeane, die fast zwei Drittel ihrer Oberfläche bedecken, verleihen ihr eine blaue Farbe. Nur auf diesem Planeten, dem drittnächsten zur Sonne, herrschen die geeigneten Bedingungen, um Leben zu ermöglichen – das hebt die Erde von den anderen Planeten ab. Hier gibt es reichlich Wasser, milde Temperaturen und eine Atmosphäre, die sie vor Objekten aus dem Weltall schützt. Durch ihre Ozonschicht filtert die Atmosphäre auch die Sonnenstrahlung. Die an den Polen leicht abgeplattete und am Äquator etwas bauchige Erde dreht sich in knapp 24 Stunden einmal um ihre Achse.

Das Phänomen Leben

Wasser in flüssiger Form macht das Leben auf der Erde möglich. Nur dieser Planet bietet einen Temperaturbereich von 0 °C bis 100 °C, in dem Wasser als Flüssigkeit vorliegt. Die Entfernung der Erde von der Sonne, zusammen mit gewissen anderen Faktoren, ermöglichte vor rund 3,6 Mrd. Jahren die Entwicklung von Leben.

HÄTTEST DU ES GEWUSST?

Aus dem Weltraum sieht die Erde blau aus, weil etwa 70 % ihrer Oberfläche von Wasser bedeckt sind.

–60 °C

0 °C bis 100 °C

Über 100 °C

NUR EIS
Der Mars ist so weit von der Sonne entfernt, dass alles Wasser gefroren ist.

DREI ZUSTANDSFORMEN
Auf der Erde findet man Wasser in allen drei möglichen Aggregatzuständen.

NUR DAMPF
Auf dem Merkur und der Venus, beide dicht an der Sonne, würde Wasser verdampfen.

1 VERDUNSTUNG
Durch die Energie der Sonne verdunstet das Wasser. Es steigt von den Ozeanen und in geringerem Maße auch aus Seen, Flüssen und anderen Gewässern der Kontinente in die Atmosphäre auf.

ERDBEWEGUNGEN
Die Erde kreist um die Sonne und dreht sich dabei um die eigene Achse.

SONNE

150 474 000 km

ROTATION: Die Erde dreht sich in 23 Stunden und 56 Minuten um die eigene Achse.

REVOLUTION: Die Erde braucht 365 Tage, 5 Stunden und 57 Minuten zur Umkreisung der Sonne.

Der Mond, unser natürlicher Satellit, ist viermal kleiner als die Erde und umkreist diese in 27,32 Tagen.

SÜDPOL

ACHSENNEIGUNG

NORDPOL

ROTATIONS-ACHSE

23,5°

So stark ist die Erdachse aus dem Lot gekippt. Während die Erde die Sonne umkreist, erhalten die unterschiedlichen Regionen mehr oder weniger Sonnenlicht. So entstehen die Jahreszeiten.

EIGENSCHAFTEN

ASTRONOMISCHES SYMBOL

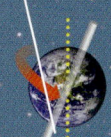

WICHTIGSTE DATEN

Mittlere Entfernung von der Sonne	150 Mio. km		Dichte	5,52 g/cm³
Sonnen-umlaufzeit	365,25 Tage		Durchschnitts-temperatur	15 °C
Äquator-durchmesser	12 762 km		*jeweils Erde = 1	
Orbital-geschwindigkeit	27,36 km/s			
Masse*	1			
Gravitation*	1			

NEIGUNG ROTATIONSACHSE

23,5°

Eine Umdrehung dauert 23,56 Stunden.

3 NIEDERSCHLAG
Die Atmosphäre verliert durch Kondensation Wasser. Die Gravitation führt zu Regen, Schnee oder Hagel. Tau und Reif verändern ihren Zustand direkt an der Oberfläche, die sie bedecken.

Magnetismus und Gravitation

Das Magnetfeld der Erde entsteht im äußeren Kern des Planeten, wo verwirbelnde Ströme aus geschmolzenem Eisen elektrische und magnetische Felder erzeugen. Die Ausrichtung des Magnetfelds verändert sich mit der Zeit, die magnetischen Pole wandern.

DIE ERDE WIRKT WIE EIN MAGNET.

Magnetkraft

Fester Kern

Mantel

Das Magnetfeld der Erde wird durch Konvektionsströme im äußeren Kern erzeugt.

Der flüssige äußere Kern ist permanent in Bewegung.

2 KONDENSATION
Die Winde der Erde tragen die feuchtigkeitsgeladene Luft weiter, bis bei entsprechenden Bedingungen das Wasser zu Wolken kondensiert und als Regen oder anderer Niederschlag zu Boden fällt.

WAS ES BEWIRKT
Das Magnetfeld schützt die Erde vor der Strahlung des Sonnenwinds.

Einige Teilchen werden zu den Polen gezogen.

Van-Allen-Gürtel

SONNENWIND

Magnetfeldlinien

Magnetosphäre

Der Van-Allen-Gürtel fängt Partikel des Sonnenwinds ein und verursacht Phänomene wie das Polarlicht.

Achse

Erde

Magnetschweif

GRAVITATION UND GEWICHT

Gewicht ist die Kraft, mit der ein Körper von der Schwerkraft angezogen wird.

11 kg
AUF DEM MOND
Der Mond hat weniger Masse als die Erde und somit weniger Gravitation.

70 kg
AUF DER ERDE
Das Objekt wird zum Zentrum der Erde gezogen.

177 kg
AUF DEM JUPITER
Der Jupiter hat die 300-fache Masse der Erde und eine höhere Gravitation.

Bewegungen und Koordinaten

Ja, sie bewegt sich. Die Erde rotiert um ihre eigene Achse, während sie gleichzeitig die Sonne umkreist. Diese Bewegungen verursachen die Phänomene von Tag und Nacht, den Jahresverlauf und die Jahreszeiten. Zur Bestimmung der Zeit wurden Kalender, Uhren und Zeitzonen erfunden. Zeitzonen werden durch Meridiane bestimmt und geben eine von ihrer Lage abhängige Referenzzeit vor. Bei einer Reise nach Osten wird pro Zeitzone eine Stunde addiert, nach Westen jeweils eine Stunde abgezogen.

Die Bewegungen der Erde

Tag und Nacht, Sommer und Winter, neues und altes Jahr ergeben sich durch die verschiedenen Bewegungen der Erde bei ihrer Bahn um die Sonne. Besonders wichtig sind die tägliche Rotation der Erde um ihre eigene Achse in West-Ost-Richtung und ihre Drehung um die Sonne. Die Erde folgt einer elliptischen Bahn mit der Sonne in einem der beiden Brennpunkte. Im Verlauf des Jahres variiert deshalb die Entfernung zur Sonne leicht.

ROTATION
1 TAG
Die Erde dreht sich in 23 Stunden und 56 Minuten einmal um ihre eigene Achse. Wir nehmen das als Tag und Nacht wahr.

REVOLUTION
1 JAHR
Die Bahn der Erde um die Sonne dauert 365 Tage, 5 Stunden und 57 Minuten.

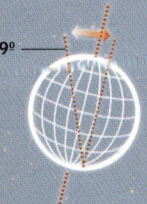

NUTATION
18,6 JAHRE
Eine Art Nickbewegung der Erde, bei der die geografischen Pole um rund 9 Bogensekunden oszillieren.

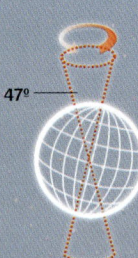

PRÄZESSION
25 800 JAHRE
Eine langsame Drehung der Ausrichtung der Erdachse (vergleichbar einem Kreisel), hervorgerufen durch die nicht exakt kugelige Form der Erde und die Gravitationskräfte von Sonne und Mond.

Äquinoktium und Solstitium (Tagundnachtgleiche und Sonnenwende)

Jedes Jahr um den 21. Juni erreicht die Nordhalbkugel ihre maximale Neigung hin zur Sonne. Dieses Phänomen nennt man auf der Nordhalbkugel die Sommersonnenwende, auf der Südhalbkugel die Wintersonnenwende. Der Nordpol liegt 24 Stunden im Sonnenlicht, während der Südpol in Dunkelheit gehüllt ist. Zwischen zwei Sonnenwenden kommt es zur Tagundnachtgleiche, wenn die Erdachse zur Sonne weist und Tag und Nacht auf dem ganzen Planeten die gleiche Länge haben.

Um den 21. Juni

Sommersonnenwende auf der Nordhalbkugel und Wintersonnenwende auf der Südhalbkugel. Sonnenwenden werden durch die Neigung der Erdachse hervorgerufen. Tageslänge und Stand der Sonne am Himmel sind im Sommer am höchsten, im Winter am niedrigsten.

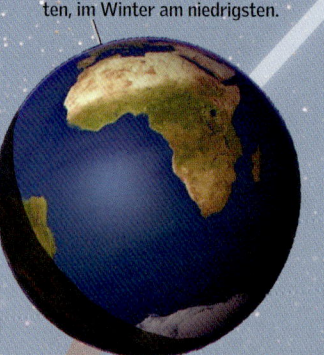

ZEITMESSUNG

Monate und Tage werden mithilfe von Kalendern und Uhren eingeteilt, wobei die Messung dieser Zeiteinheiten weder kulturell noch willkürlich bedingt ist. Sie wird vielmehr aus den natürlichen Bewegungen der Erde abgeleitet.

Um den 21. März

Frühjahrs-Tagundnachtgleiche auf der Nordhalbkugel und Herbst-Äquinoktium auf der Südhalbkugel. Die Sonne zieht direkt über den Äquator, Tag und Nacht sind gleich lang.

SONNE

Um den 23. September

Herbst-Tagundnachtgleiche auf der Nordhalbkugel und Frühjahrs-Äquinoktium auf der Südhalbkugel. Die Sonne zieht direkt über den Äquator, Tag und Nacht sind gleich lang.

PERIHEL
Der Punkt der Umlaufbahn der Erde, an dem diese der Sonne am nächsten kommt (147 Mio. km).

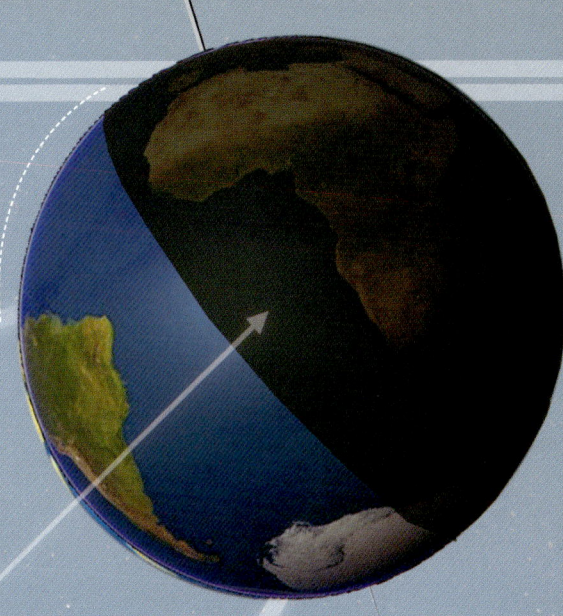

23,5°
NEIGUNG DER
ERDACHSE

150
MILLION KM
DURCHSCHNITTS-
ENTFERNUNG VON
DER SONNE

Um den 21. Dezember

Wintersonnenwende auf der Nordhalbkugel und
Sommersonnenwende auf der Südhalbkugel. Sonnenwenden werden durch die Neigung der Erdachse
hervorgerufen. Tageslänge und Stand der Sonne am
Himmel sind im Sommer am größten beziehungs-
weise höchsten, im Winter am geringsten bezie-
hungsweise niedrigsten.

APHEL
Dies ist der sonnen-
fernste Punkt auf
der Bahn der Erde
(152 Mio. km) um die
Sonne. Er wird Anfang
Juli erreicht.

Geografische Koordinaten

Mithilfe des Netzes, das die Längen- und Breitenlinien bilden, kann die
Position eines jeden Punkts auf der Erdoberfläche einfach bestimmt
werden. Als Referenz dient dabei der Schnittpunkt des Äquators mit dem
Nullmeridian von Greenwich. Dieser Schnittpunkt markiert den Mittelpunkt
zwischen den beiden Erdpolen.

**DIE UMLAUFBAHN
DER ERDE**
beträgt etwa
365 Tage.

1. Tag

TAGE
Zeitperiode, in der sich
die Erde einmal um die
eigene Achse dreht.

Etwa 30 Tage

MONATE
Zeitperioden zwischen
28 und 31 Tagen, in die
das Jahr eingeteilt wird.

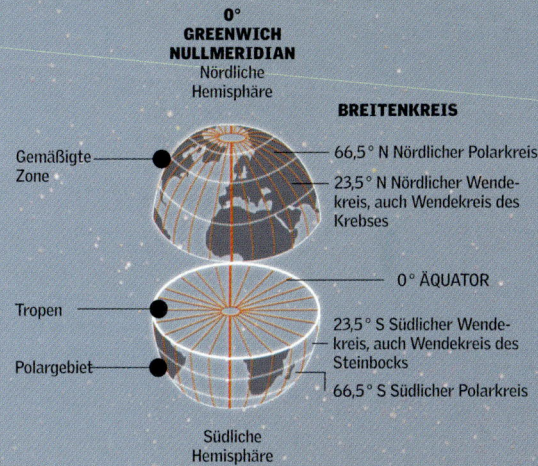

**0°
GREENWICH
NULLMERIDIAN**
Nördliche
Hemisphäre

BREITENKREIS

Gemäßigte
Zone

66,5° N Nördlicher Polarkreis

23,5° N Nördlicher Wende-
kreis, auch Wendekreis des
Krebses

0° ÄQUATOR

Tropen

23,5° S Südlicher Wende-
kreis, auch Wendekreis des
Steinbocks

Polargebiet

66,5° S Südlicher Polarkreis

Südliche
Hemisphäre

Zeitzonen

Die Erde ist in 24 Zeitzonen eingeteilt,
denen jeweils eine bestimmte Uhrzeit
zugewiesen wurde. Diese bezieht sich auf die
Koordinierte Weltzeit (UTC) mit dem Nullmeridian von Greenwich in England als Bezugspunkt.
Bei Überschreiten eines Meridians in östliche Richtung wird eine Stunde addiert, in westliche eine
Stunde abgezogen.

Jetlag

Die biologische Uhr des menschlichen Körpers folgt dem auf dem Wechsel von Tag und
Nacht beruhenden Rhythmus von Hell und Dunkel. Lange Flüge nach Osten oder Westen
bringen diese innere Uhr durcheinander und lösen den sogenannten Jetlag mit Symptomen
wie Müdigkeit, Reizbarkeit, Übelkeit, Kopfschmerzen und nächtlichen Schlafstörungen aus.

12:00 UHR
Abflugzeit

Nördliche
Hemisphäre

24:00 UHR
Ankunftszeit

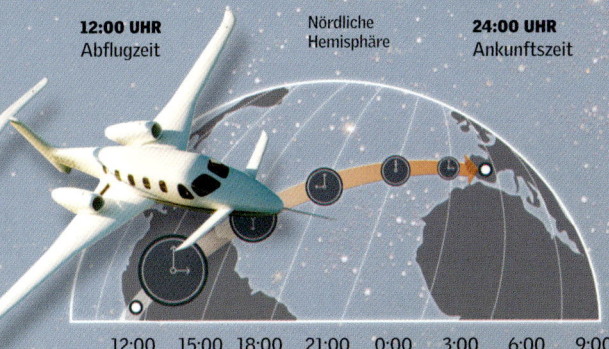

12:00   15:00   18:00   21:00   0:00   3:00   6:00   9:00

24:00 UHR

WEST   OST

3:00 UHR   21:00 UHR

6:00 UHR   18:00
                            UHR

N

9:00 UHR   15:00 UHR

12:00 UHR

Mond und Gezeiten

Romantik, Geheimnisse und Aberglaube, all das verbinden wir mit dem Mond, dem natürlichen Begleiter der Erde, der stets seine Rückseite vor uns verborgen hält. Unabhängig von allen dem Mond zugeschriebenen symbolischen Bedeutungen übt er durch seine Anziehungskraft eine ganz konkrete Wirkung auf die Erde aus und verursacht die Gezeiten. Die Gravitationskraft ist abhängig vom Abstand des Mondes zur Erde, sodass die Ausprägung der Gezeiten unterschiedlich ausfällt. Darüber hinaus ist auch die Größe des Meeres entscheidend. Je größer die Wasserfläche, desto stärker kann sich der Einfluss der Gezeiten bemerkbar machen.

URSPRUNG DES MONDES

Die gängigste Theorie über die Entstehung des Mondes lautet, dass ein Objekt von der Größe des Mars die Erde während ihrer Formation streifte.

Das abgesplitterte Material wurde ins All geschleudert, wo es sich allmählich zusammenballte und zum Mond formierte.

ARISTARCHUS
ist der hellste Fleck des Mondes.

OCEANUS PROCELLARUM
Das größte Mare („Meer") ist eher flach.

DIE BEWEGUNGEN DES MONDES

Während der Mond die Erde umkreist, dreht er sich so um die eigene Achse, dass immer dieselbe Mondseite zur Erde zeigt.

LUNATION/ MONDMONAT
Von einem Neumond zum nächsten vergehen 29,53 Tage.

SIDERISCHER MONAT
Der Mond umkreist in 27,32 Tagen die Erde.

Verborgene Seite — Sichtbare Seite — MOND — ERDE — Mondbahn

VERBORGENE SEITE

Die von der Erde aus nicht sichtbare Rückseite des Mondes war ein Geheimnis, bis 1959 die russische Raumsonde *Luna 3* diesen Bereich fotografieren konnte. Weil die Kruste auf der Rückseite des Mondes dicker ist, gibt es dort weniger Meere.

GRIMALDI

GASSENDI

Die Gezeiten

Die Wassermassen auf der dem Mond zugewandten Erdhälfte unterliegen der Anziehungskraft des Mondes am stärksten und umgekehrt. So entstehen Flut und Ebbe, die dem Mond bei seiner Bahn um die Erde folgen. Die Gezeiten eilen dabei dem Mond geringfügig voraus.

1 NEUMOND
SPRINGFLUT
Wenn Sonne und Mond auf einer Linie liegen, ist der Tidenhub besonders groß: hohe Flut und niedrige Ebbe.

2 ERSTES VIERTEL
NIPPTIDE
Mond und Sonne stehen im rechten Winkel zur Erde, wodurch der Tidenhub besonders niedrig ausfällt.

3 VOLLMOND
SPRINGFLUT
Sonne und Mond liegen wieder auf einer Linie: Die Sonne verstärkt die Anziehungskraft des Mondes und verursacht eine zweite Springflut.

4 DRITTES VIERTEL
NIPPTIDE
Mond und Sonne stehen erneut im rechten Winkel und verursachen eine zweite Nipptide.

LEGENDE

↓ Anziehungskraft des Mondes

↑ Anziehungskraft der Sonne

● Beeinflussung der Gezeiten durch die Anziehung des Mondes

● Beeinflussung der Gezeiten durch die Anziehung der Sonne

Mondbahn
Mond
Erdbahn
Sonne

AUCH DIE GRAVITATION DER SONNE BEEINFLUSST DIE GEZEITEN.

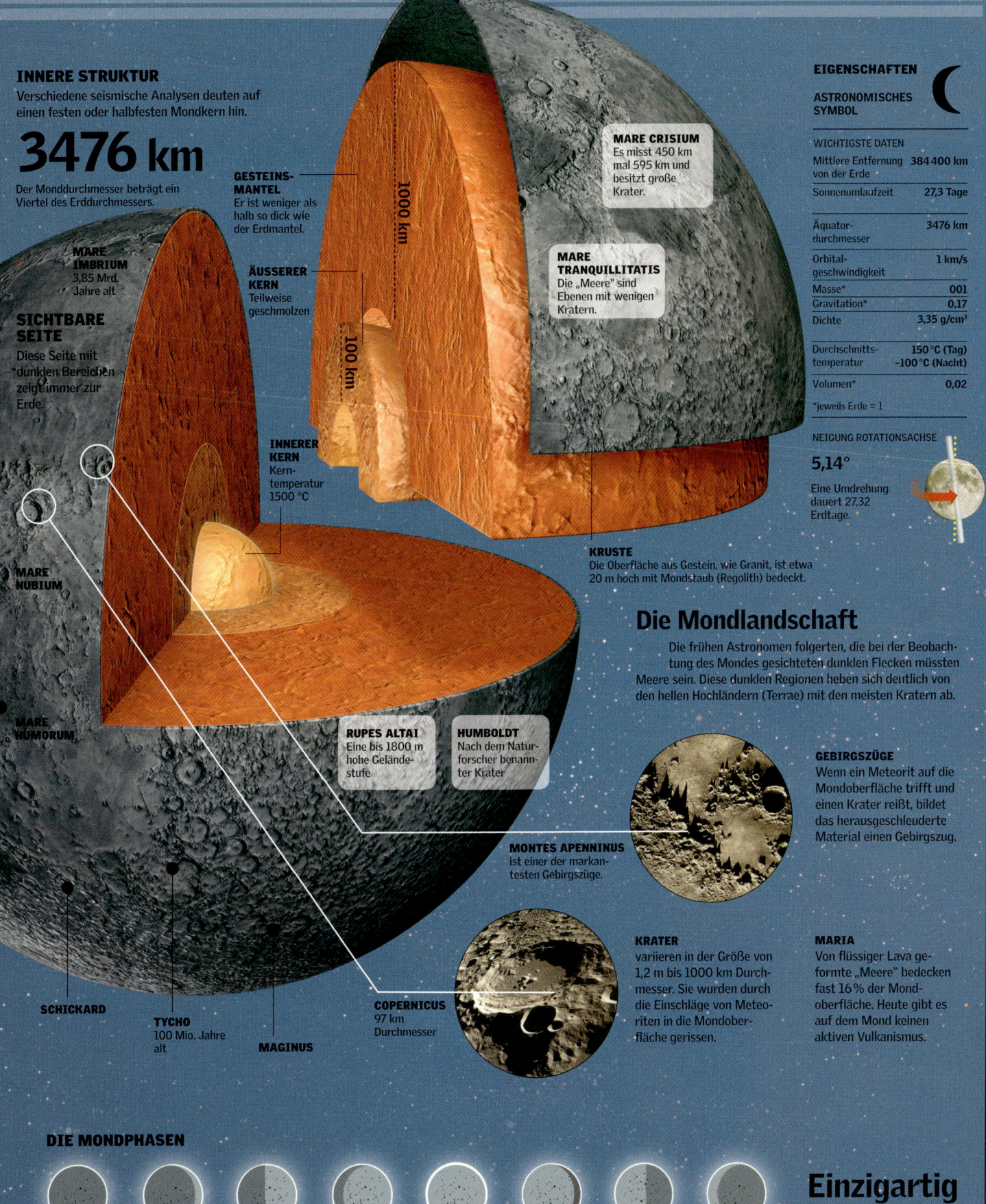

INNERE STRUKTUR

Verschiedene seismische Analysen deuten auf einen festen oder halbfesten Mondkern hin.

3476 km

Der Monddurchmesser beträgt ein Viertel des Erddurchmessers.

MARE IMBRIUM
3,85 Mrd. Jahre alt

SICHTBARE SEITE

Diese Seite mit dunklen Bereichen zeigt immer zur Erde.

GESTEINS-MANTEL
Er ist weniger als halb so dick wie der Erdmantel.

ÄUSSERER KERN
Teilweise geschmolzen

1000 km

100 km

INNERER KERN
Kerntemperatur 1500 °C

MARE CRISIUM
Es misst 450 km mal 595 km und besitzt große Krater.

MARE TRANQUILLITATIS
Die „Meere" sind Ebenen mit wenigen Kratern.

KRUSTE
Die Oberfläche aus Gestein, wie Granit, ist etwa 20 m hoch mit Mondstaub (Regolith) bedeckt.

MARE NUBIUM

MARE HUMORUM

RUPES ALTAI
Eine bis 1800 m hohe Geländestufe.

HUMBOLDT
Nach dem Naturforscher benannter Krater

MONTES APENNINUS
ist einer der markantesten Gebirgszüge.

SCHICKARD

TYCHO
100 Mio. Jahre alt

MAGINUS

COPERNICUS
97 km Durchmesser

EIGENSCHAFTEN

ASTRONOMISCHES SYMBOL

WICHTIGSTE DATEN

Mittlere Entfernung von der Erde	384 400 km
Sonnenumlaufzeit	27,3 Tage
Äquatordurchmesser	3476 km
Orbitalgeschwindigkeit	1 km/s
Masse*	001
Gravitation*	0,17
Dichte	3,35 g/cm³
Durchschnittstemperatur	150 °C (Tag) −100 °C (Nacht)
Volumen*	0,02

*jeweils Erde = 1

NEIGUNG ROTATIONSACHSE

5,14°

Eine Umdrehung dauert 27,32 Erdtage.

Die Mondlandschaft

Die frühen Astronomen folgerten, die bei der Beobachtung des Mondes gesichteten dunklen Flecken müssten Meere sein. Diese dunklen Regionen heben sich deutlich von den hellen Hochländern (Terrae) mit den meisten Kratern ab.

GEBIRGSZÜGE
Wenn ein Meteorit auf die Mondoberfläche trifft und einen Krater reißt, bildet das herausgeschleuderte Material einen Gebirgszug.

KRATER
variieren in der Größe von 1,2 m bis 1000 km Durchmesser. Sie wurden durch die Einschläge von Meteoriten in die Mondoberfläche gerissen.

MARIA
Von flüssiger Lava geformte „Meere" bedecken fast 16 % der Mondoberfläche. Heute gibt es auf dem Mond keinen aktiven Vulkanismus.

DIE MONDPHASEN

NEUMOND — ZUNEHMENDE MONDSICHEL — ERSTES VIERTEL — ZUNEHMENDER MOND — VOLLMOND — ABNEHMENDER MOND — DRITTES VIERTEL — ABNEHMENDE MONDSICHEL

Einzigartig

Der Mond ist der einzige Satellit der Erde.

Finsternisse

Viermal im Jahr, bei Voll- oder Neumond, wenn die Mittelpunkte von Mond, Sonne und Erde auf einer Linie liegen, kommt es zu einem spektakulären astronomischen Phänomen, einer Finsternis. Dabei wandert der Mond entweder vor der Sonne vorbei oder zieht durch den Schatten der Erde. Auch während einer Sonnenfinsternis ist es gefährlich, direkt in die Sonne zu schauen, denn die Strahlen können die Netzhaut irreparabel schädigen. Das Himmelsphänomen lässt sich durch spezielle Schutzbrillen oder indirekt durch die Projektion des Sonnenbildes auf ein Blatt Papier sicher beobachten. Für Astronomen ist eine Sonnenfinsternis eine gute Gelegenheit für wissenschaftliche Untersuchungen.

TOTALE MONDFINSTERNIS, VON DER ERDE AUS BEOBACHTET.

Die Orangefärbung wird durch gebrochenes und in der Erdatmosphäre gefärbtes Sonnenlicht erzeugt.

RINGFÖRMIGE SONNENFINSTERNIS, VON DER ERDE AUS BEOBACHTET.

Sonnenfinsternis

Eine Sonnenfinsternis tritt ein, wenn der Mond direkt zwischen Sonne und Erde vorbeizieht und eine Schattenspur auf der Erdoberfläche verursacht. Der Kernschatten wird auch als Umbra, der Bereich des Halbschattens als Penumbra bezeichnet. Im Bereich des Kernschattens auf der Erde erlebt der Beobachter eine totale Sonnenfinsternis – der Mond deckt die Sonne komplett ab. Beobachter im Bereich des Halbschattens sehen eine vom Mond teilweise verdeckte Sonne – eine partielle Sonnenfinsternis.

ANORDNUNG

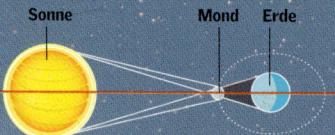

Sonne   Mond   Erde

Während einer Sonnenfinsternis nutzen Astronomen die blockierte Sonnenstrahlung, um mit speziellen Geräten die Sonnenatmosphäre zu erforschen.

ARTEN DER SONNENFINSTERNIS

TOTAL
Der Mond steht zwischen Sonne und Erde und wirft einen kegelförmigen Schatten.

RINGFÖRMIG
Die Sonne erscheint größer als der Mond und bleibt als schmaler Ring sichtbar.

PARTIELL
Der Mond verdeckt die Sonne nicht ganz, sodass die Sonne als Sichel sichtbar bleibt.

DIE SCHEINBARE GRÖSSE DER SONNE IST

400 -mal größer als die des Mondes.

SONNENLICHT

HÄTTEST DU ES GEWUSST?

Die Größe des Mondes scheint sich zu verändern, weil seine Umlaufbahn elliptisch ist. Wenn er genau zwischen Erde und Sonne steht, kommt es zu einer totalen Sonnenfinsternis.

ENTFERNUNG VON DER SONNE ZUR ERDE IST

400 -mal größer als die von der Erde zum Mond.

Mondfinsternis

Wenn die Erde direkt zwischen dem Vollmond und der Sonne vorbeizieht, kommt es zu einer Mondfinsternis (totale, partielle oder Halbschattenfinsternis). Ohne die Erdatmosphäre würde der Mond bei jeder Finsternis völlig unsichtbar werden (was nie passiert). Die typische rötliche Farbe des total verfinsterten Mondes entsteht durch Lichtbrechung in der Erdatmosphäre. Bei einer partiellen Finsternis gerät ein Teil des Mondes in den Schattenkegel, während der Rest, der äußere, blasseste Teil, im Halbschattenkegel liegt. Eine Mondfinsternis kann man gefahrlos mit bloßem Auge beobachten.

ANORDNUNG

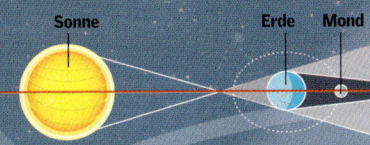

Sonne   Erde   Mond

Während einer Finsternis erscheint der Mond nicht schwarz, sondern leicht rötlich.

ARTEN DER MONDFINSTERNIS

TOTAL
Der Mond liegt ganz im Schattenkegel.

PARTIELL
Der Mond liegt nur teilweise im Schattenkegel.

HALBSCHATTEN
Der Mond liegt im Halbschattenkegel.

Mondbahn

Schattenkegel

VOLLMOND
Totale Finsternis

PARTIELLE FINSTERNIS

HALBSCHATTEN-FINSTERNIS

Halbschatten-kegel

Schattenkegel

NEUMOND
TOTALE FINSTERNIS

ERDE

Erdbahn

FINSTERNISZYKLUS

Finsternisse wiederholen sich nach 223 Lunationen, nach 18 Jahren und 11 Tagen. Dieser Zeitraum wird als Saroszyklus bezeichnet.

FINSTERNISSE IN EINEM JAHR

2 Minimum

7 Maximum

4 Durchschnitt

FINSTERNISSE IN EINEM SAROS

41 der Sonne

29 des Mondes

70 Insgesamt

BEOBACHTUNG VON DER ERDE

Nur eine spezielle Sonnenfinsternisbrille bietet ausreichenden Schutz, um die Sonne direkt zu beobachten.

Verhindert Verbrennungen der Netzhaut

SONNENFINSTERNISSE unterscheiden sich nach Standort des Beobachters.

MONDFINSTERNISSE sind für alle Beobachter identisch.

MAXIMALE DAUER
8 Minuten

MAXIMALE DAUER
100 Minuten

FINSTERNISSE 2014 UND SPÄTER

SONNEN-FINSTER-NIS																						
4/29 ringf.	10/23 partiell	3/20 total	9/13 partiell	3/09 total	9/01 ringf.	2/26 ringf.	8/21 total	2/15 partiell	7/13 partiell	8/11 partiell	1/06 partiell	7/02 total	12/26 ringf.	6/21 ringf.	12/14 total	6/10 ringf.	12/04 total	4/30 partiell	10/25 partiell	4/20 hybrid	10/14 ringf.

2014	2015	2016	2017	2018	2019	2020	2021	2022	2023	2024

MOND-FINSTER-NIS																			
4/15 total	10/08 total	4/04 total	9/28 total	3/23 Halbschatten	9/16 Halbsch.	2/11 partiell	8/07 total	1/31 total	7/27 total	1/21 partiell	7/16 Halbschatten	1/10 6/5 7/5 11/30	5/26 total	11/19 partiell	5/16 total	11/08 total	5/05 Halbsch.	10/28 partiell

Geschichtete Lagen

Mit jedem Vorstoß um weitere 33 m ins Innere der Erde steigt die Temperatur um 1 °C an. Bis zum Zentrum müsste man sich durch vier unterschiedliche Schichten vorarbeiten. Bedingt durch den enormen Druck hat der Kern trotz einer Temperatur von über 6000 °C vermutlich eine feste Konsistenz. Auch die Gase, die als Hülle die Erdkruste umgeben, sind in Schichten mit unterschiedlicher Zusammensetzung angeordnet. Auf die Erdkruste wirken von oben und unten Kräfte ein, die sie permanent verändern und umgestalten.

HÄTTEST DU ES GEWUSST?

Am Äquator beträgt der Abstand von der Erdoberfläche zum Erdmittelpunkt 6380 km.

Die Kruste der Erde

Die Erdkruste ist eine feste, äußere Schicht, die unter den Ozeanen 5 bis 15 km und unter Gebirgszügen bis zu 70 km dick ist. Vulkane an Land und die vulkanische Aktivität des Mittelozeanischen Rückens produzieren neues Gestein, das Teil der Kruste wird. Das Gestein am unteren Rand der Kruste schmilzt im Mantel zum Teil wieder.

LEGENDE ● Sedimente   ● Magmatite   ● Metamorphite

KONTINENTAL-SCHELF
In dem Bereich, in dem die ozeanische Kruste auf einen Kontinent trifft, werden Magmatite durch Hitze und Druck in metamorphes Gestein verwandelt.

MITTELOZEANISCHER RÜCKEN
Der Meeresboden wird mit Basaltgestein aus verfestigtem Magma erneuert, das aus den Spalten des Mittelozeanischen Rückens austritt.

OZEANINSELN
Neben Magmatiten, die vorherrschen, findet man auch Sedimentgesteine.

DAS FESTE ÄUSSERE
Die Erdkruste besteht aus Magmatiten, Sedimenten und Metamorphiten mit je nach Terrain unterschiedlicher Zusammensetzung.

GEBIRGSZÜGE
sind etwa zu gleichen Teilen aus den drei Gesteinsarten aufgebaut.

KRUSTE
5–70 km

GRANIT-BATHOLITHE
Plutonite können als riesige Granitblöcke erstarren.

PLUTONITE
sind in der Tiefe der Erdkruste erstarrte Magmen. Der Name leitet sich von Pluto, dem römischen Gott der Unterwelt, ab.

GRUNDGEBIRGE
Das Innere der Gebirgszüge besteht aus Erstarrungsgestein (überwiegend Granit) und Metamorphiten.

KÜSTENGESTEIN
Erhärtete Lagen aus Sedimenten – meist Ton und Kiesel –, die aus der Erosion von Hochgebirgen stammen.

Die gasförmige Hülle

Die zum Leben notwendige Luft findet sich nur in der unteren Schicht der Erdatmosphäre. Hier spielt sich auch das Wettergeschehen ab. Diese relativ dünne Schicht, die Troposphäre, ist am Äquator etwa 18 km, an den Polen nur 8 km dick. Jede Schicht der Atmosphäre ist anders zusammengesetzt.

Bis
18 km
TROPOSPHÄRE
Enthält 75 % des Gasanteils und fast den gesamten Wasserdampf der Atmosphäre.

Bis
50 km
STRATOSPHÄRE
Sehr trocken; enthält die Ozonschicht. Wasserdampf gefriert und fällt aus dieser Schicht aus.

Bis
80 km
MESOSPHÄRE
Die Temperatur liegt bei −90 °C, steigt oberhalb dieser Schicht aber allmählich an.

Bis
450 km
THERMOSPHÄRE
Sehr geringe Dichte; besteht bis 250 km hauptsächlich aus Stickstoff, darüber überwiegend aus Sauerstoff.

Ab etwa
480 km
EXOSPHÄRE
Keine Abgrenzung nach außen; enthält leichte Gase wie Wasserstoff und Helium in ionisierter Form.

OBERER MANTEL
710 km

UNTERER MANTEL
2200 km
Ähnliche Zusammensetzung wie die Erdkruste, allerdings in flüssiger Form bei hohem Druck und 1000 bis 4500 °C.

LITHOSPHÄRE
100 km
Umfasst den festen äußeren Rand des oberen Mantels und die Erdkruste.

ASTHENOSPHÄRE
480 km
Die Asthenosphäre darunter besteht aus teilweise geschmolzenem Gestein.

ÄUSSERER KERN
2300 km
Besteht hauptsächlich aus geschmolzenem Eisen und Nickel und anderen Metallen bei Temperaturen über 4700 °C.

INNERER KERN
1200 km
Der innere Erdkern ist bedingt durch den enormen Druck sehr heiß, aber fest.

Die Reise der Platten

Als der Geophysiker Alfred Wegener 1910 behauptete, die Kontinente könnten sich bewegen, erschien dies höchst fantastisch. Es gab damals keine Möglichkeit, diese Vorstellung zu erhärten, aber ein halbes Jahrhundert später konnte die Theorie der Plattentektonik eine Erklärung des Phänomens liefern. Vulkanische Aktivität am Meeresboden, Konvektionsströme und schmelzendes Gestein im Erdmantel treiben die Kontinentaldrift an, die bis heute die Oberfläche des Planeten verändert.

Kontinentalverschiebung

Zunächst unterstellten die Hypothesen einer Kontinentaldrift, dass die Kontinente auf dem Ozean schwimmen. Das erwies sich als falsch, denn die sieben tektonischen Platten umfassen sowohl die Kontinente als auch Abschnitte des Meeresbodens. Sie gleiten auf einer geschmolzenen Gesteinsschicht, die sich als Mantel um die Erde legt. Je nach Bewegungsrichtung können die Plattenränder konvergieren (sich aufeinander zubewegen), divergieren (sich voneinander entfernen) oder horizontal (entlang einer Transformstörung) aneinander vorbeigleiten.

Der verborgene Motor

Konvektionsströme aus geschmolzenem Gestein bewegen die Kruste. Aufsteigendes Magma bildet an divergierenden Rändern neue Krustenteile. An konvergierenden Rändern (Subduktionszonen) schmilzt die Kruste im Mantel. Die tektonischen Platten wirken wie ein Förderband, auf dem die Kontinente reisen.

VOR 250 MIO. JAHREN

Die Landmasse der heutigen Kontinente stammt aus einem einzigen, vom Ozean umgebenen Landblock (Pangäa).

PANGAEA

VOR 180 MIO. JAHREN

Die Nordamerikanische und die Antarktische Platte haben sich abgetrennt. Der Superkontinent Gondwana (Südamerika und Afrika) beginnt sich zu teilen, der Südatlantik entsteht. Indien löst sich von Afrika ab.

LAURASIA

GONDWANA

ANTARKTIKA

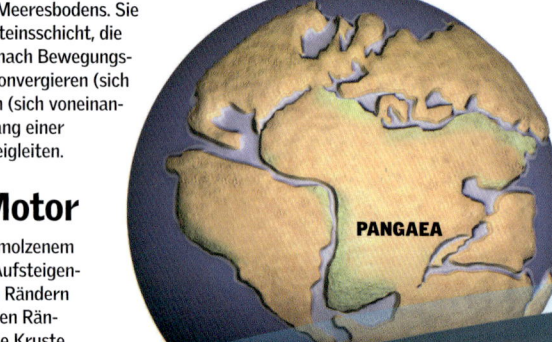

5 cm

Entfernung, die die Platten typischerweise pro Jahr zurücklegen.

INDO-AUSTRALISCHE PLATTE

KONVERGENTE PLATTENGRENZEN
Wenn zwei Platten kollidieren, sinkt eine unter die andere ab. Es bildet sich eine Subduktionszone, was zu Auffaltungen der Kruste und vulkanischer Aktivität führt.

TONGA-GRABEN

OSTPAZIFISCHER RÜCKEN

NAZCA-PLATTE

PERU-CHILE-GRABEN

KONVEKTIONSSTRÖME
Das heiße, geschmolzene Gestein steigt nach oben, kühlt ab und sinkt wieder nach unten. Dieser Vorgang führt zu kontinuierlichen Strömungen im Erdmantel.

AUSWÄRTSBEWEGUNG
Die Schubwirkung des Magmas drückt die tektonischen Platten in eine Subduktionszone hinein.

VOR 100 MIO. JAHREN

Der Atlantische Ozean hat sich gebildet. Indien bewegt sich auf Asien zu. Bei der Kollision der beiden Massen wird der Himalaja aufgefaltet werden. Australien trennt sich von der Antarktis ab.

HÄTTEST DU ES GEWUSST?

Die Platten-verschiebung wird heute mit GPS-Technik aus dem Weltraum überwacht. Dabei werden ständig die Abstände zwischen bestimmten Punkten gemessen.

VOR 60 MIO. JAHREN

Die Kontinente haben fast ihre heutige Position erreicht. Indien beginnt mit Asien zu kollidieren. Das Mittelmeer tut sich auf. Die Auffaltung der heute höchsten Gebirge ist in vollem Gang.

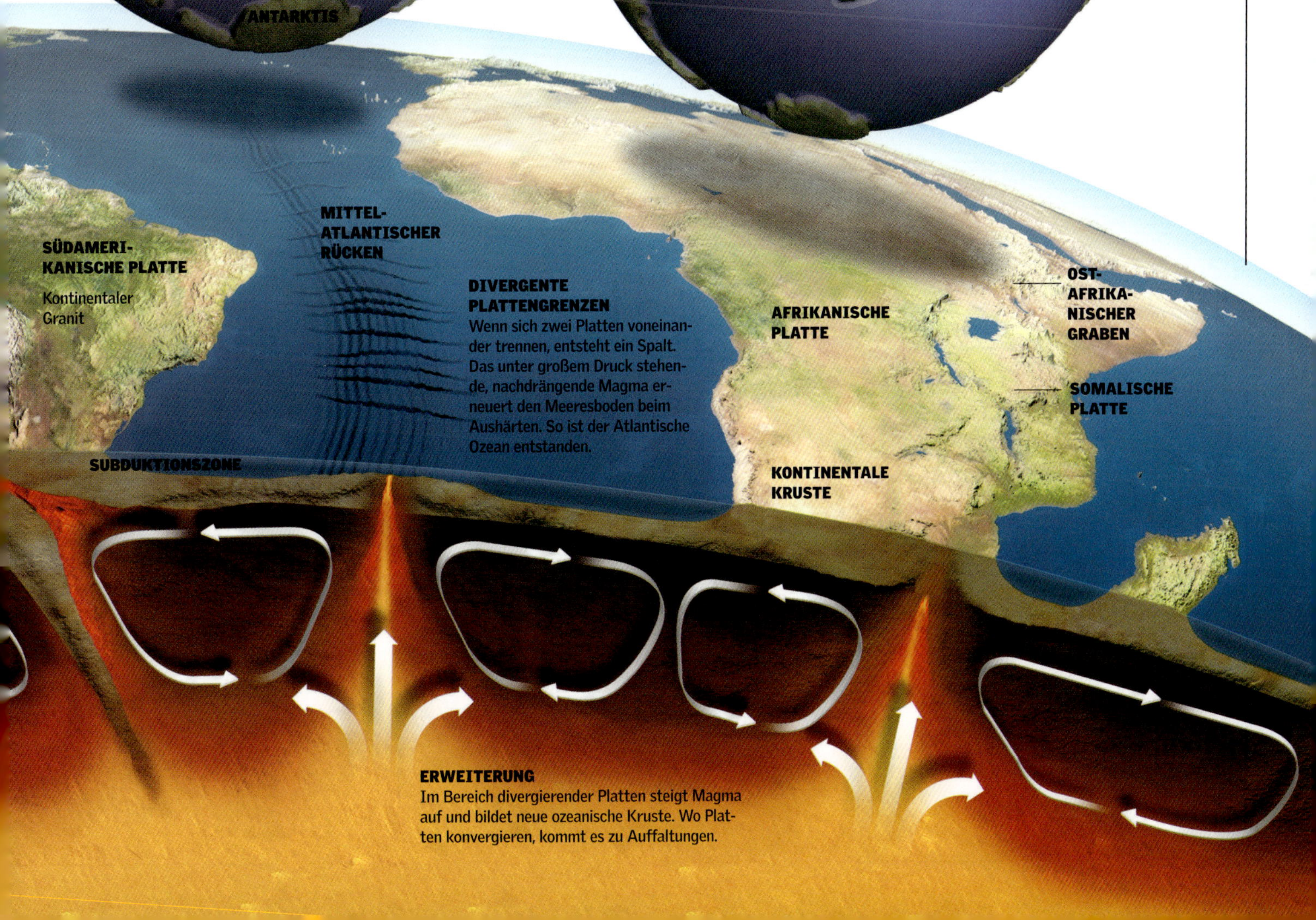

NORD-AMERIKA
ASIEN
AFRIKA
INDIEN
SÜD-AMERIKA
ATLANTISCHER OZEAN
AUSTRALIEN
ANTARKTIS

NORD-AMERIKA
EURASIEN
AFRIKA
SÜD-AMERIKA
ATLANTISCHER OZEAN

SÜDAMERIKANISCHE PLATTE

Kontinentaler Granit

MITTEL-ATLANTISCHER RÜCKEN

DIVERGENTE PLATTENGRENZEN
Wenn sich zwei Platten voneinander trennen, entsteht ein Spalt. Das unter großem Druck stehende, nachdrängende Magma erneuert den Meeresboden beim Aushärten. So ist der Atlantische Ozean entstanden.

AFRIKANISCHE PLATTE

OST-AFRIKA-NISCHER GRABEN

SOMALISCHE PLATTE

KONTINENTALE KRUSTE

SUBDUKTIONSZONE

ERWEITERUNG
Im Bereich divergierender Platten steigt Magma auf und bildet neue ozeanische Kruste. Wo Platten konvergieren, kommt es zu Auffaltungen.

Falten in der Erdkruste

Die Bewegung der tektonischen Platten führt zu Verformungen und Brüchen in der Erdkruste, besonders an konvergierenden Plattengrenzen. Vor Millionen von Jahren schufen diese Verformungen größere „Falten", aus denen Gebirgszüge entstanden. Bestimmte Geländemerkmale sind Hinweise auf die großen Auffaltungsprozesse in der geologischen Geschichte der Erde.

Verformungen der Erdkruste

Die Erdkruste ist aus verschiedenen Gesteinslagen aufgebaut. Aus Unterschieden in Geschwindigkeit und Richtung der Platten resultierende tektonische Kräfte bewirken, dass diese Lagen sich elastisch strecken, gleiten oder brechen. Die Gebirgsbildung dauert Millionen von Jahren. Durch die Erosion mittels Wind, Eis und Wasser wird Gestein wieder abgetragen. Wird der Druck von elastisch verformtem Gestein genommen, kehrt es meist in seine Ausgangsform zurück und kann dabei Erdbeben auslösen.

1 Ein unter anhaltendem Druck stehender Abschnitt der Erdkruste trifft auf einen Widerstand, und die Gesteinslagen werden verformt.

2 Die äußeren, meist steiferen Gesteinslagen brechen und bilden eine Störung. Wenn ein Gesteinsrand unter den anderen gleitet, bildet sich eine Überschiebung.

3 Die Zusammensetzung der Gesteinsschichten zeigt trotz Erosion die ursprüngliche Faltung.

Die drei wichtigsten Faltungsvorgänge

In der geologischen Erdgeschichte kam es zu drei großen Prozessen der Gebirgsbildung, der sogenannten Orogenese. Die Gebirge der ersten beiden Orogenesen (kaledonische und variszische) sind heute viel niedriger, denn sie unterlagen über Millionen von Jahren der Erosion.

MATERIALIEN
Überwiegend Granit, Schiefer, Amphibolit, Gneis, Quarzit und Glimmerschiefer.

MATERIALIEN
Tonstein, Schiefer und Sandstein in verfestigten Schichten.

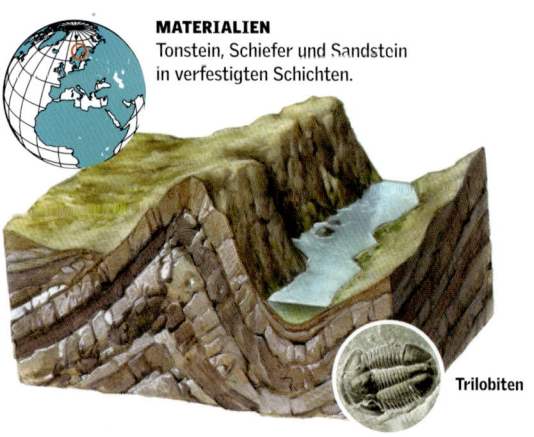

Trilobiten

Brachiopoden

430 Mio. Jahre

KALEDONISCHE OROGENESE
Sie bildete das Kaledonische Gebirge, dessen Reste auf der Skandinavischen Halbinsel, in Schottland und Kanada (die damals zusammenstießen) zu finden sind.

300 Mio. Jahre

VARISZISCHE OROGENESE
Diese Gebirgsbildung fand zwischen spätem Devon und frühem Perm statt und war wichtiger als die kaledonische Orogenese. Sie formte Mittel- und Westeuropa und schuf mächtige Eisenerz- und Kohlegänge. Bei dieser Orogenese entstanden der Ural, die Appalachen in Nordamerika sowie Teile der Anden und Tasmaniens.

Entstehung des Himalaja

Die höchsten Gebirge der Welt wurden nach der Kollision von Indien und Eurasien geformt. Die Indische Platte glitt horizontal unter die Asiatische Platte. Ein zwischen den Platten verkeilter Sedimentblock schnitt den oberen Teil der Asiatischen Platte in Segmente, die sich übereinandertürmten. Durch diesen Faltungsprozess entstand der Himalaja, zu dem der höchste Berg der Erde gehört, der 8850 m hohe Mount Everest. Dieser tief zerklüftete Bereich der alten Platte wird Akkretionskeil genannt. Damals krümmte sich die asiatische Landmasse, wodurch die Platte ihre Stärke verdoppelte und so das Hochland von Tibet bildete.

SÜDOSTASIEN

INDIEN HEUTE

VOR 10 MIO. JAHREN

VOR 20 MIO. JAHREN

VOR 30 MIO. JAHREN

MATERIALIEN
Hohe Anteile von Sediment in Nepal, von Batholithen in der Asiatischen Platte und von neuen Granitintrusionen (Eisen, Zinn und Wolfram).

Ammonit

60 Mio. Jahre

ALPIDISCHE OROGENESE
Diese Gebirgbildung begann im Känozoikum und dauert bis heute an. Durch sie wurde das riesige Gebirgssystem aufgeworfen, zu dem die Pyrenäen, die Alpen, der Kaukasus und sogar der Himalaja gehören. Auch die amerikanischen Rocky Mountains und die Anden erhielten so ihre aktuelle Gestalt.

KOLLISION VON KONTINENTEN

Leichtere Sedimente — Tethysmeer — Schwere Sedimente

INDISCHE PLATTE — **ASIATISCHE PLATTE**

Schwere Sedimente — Tethysmeer — Tibet

Schwere Sedimente — Tibet

Indien — Nepal — Tibet

VOR 60 MIO. JAHREN
Das Tethysmeer gibt nach, als sich die Platten aufeinander zubewegen. Sedimentschichten steigen auf.

VOR 40 MIO. JAHREN
Als sich die Platten fast berühren, bildet sich eine Subduktionszone.

VOR 20 MIO. JAHREN
Das Hochland von Tibet wird durch den Druck sich absetzender Sedimentlagen angehoben.

DER HIMALAJA HEUTE
Die Bewegung der Platten faltet die Kruste weiter auf, und das Hochland Nepals verschwindet langsam.

Lodernder Glutofen

Vulkane gehören zu den beeindruckendsten Erscheinungsformen der inneren Dynamik unseres Planeten. Das von ihnen ausgestoßene Magma kann zu gewaltigen Strömen aus geschmolzenem Gestein, Feuer- und Asche-regen, Überflutungen und Schlammlawinen führen. Seit der Antike fürchten sich die Menschen vor Vulkanen und sahen früher in deren rauchenden Kratern den Eingang zur Unterwelt. Jeder Vulkan hat einen Lebenszyklus, in dessen Verlauf er Topografie und Klima verändern kann, bevor er irgendwann erlischt.

HÄTTEST DU ES GEWUSST?

Seit Urzeiten fürchten sich die Menschen vor Vulkanen. Manche Völker halten ihre rauchenden Krater für Eingänge zur Unterwelt.

Leben und Sterben eines Vulkans: Bildung einer Caldera

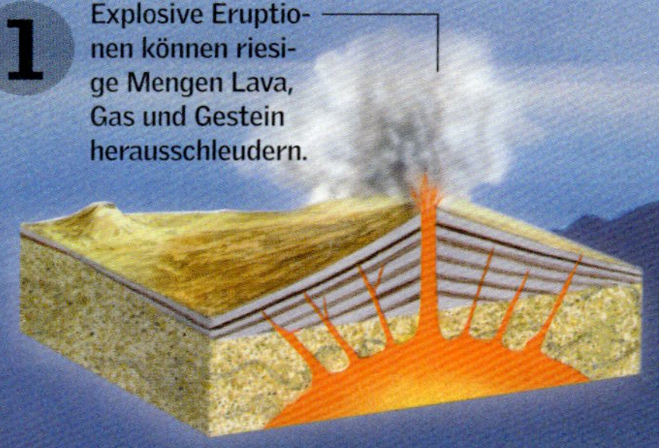

1 Explosive Eruptionen können riesige Mengen Lava, Gas und Gestein herausschleudern.

2 Im Schlot und der Kammer entsteht ein Hohlraum.

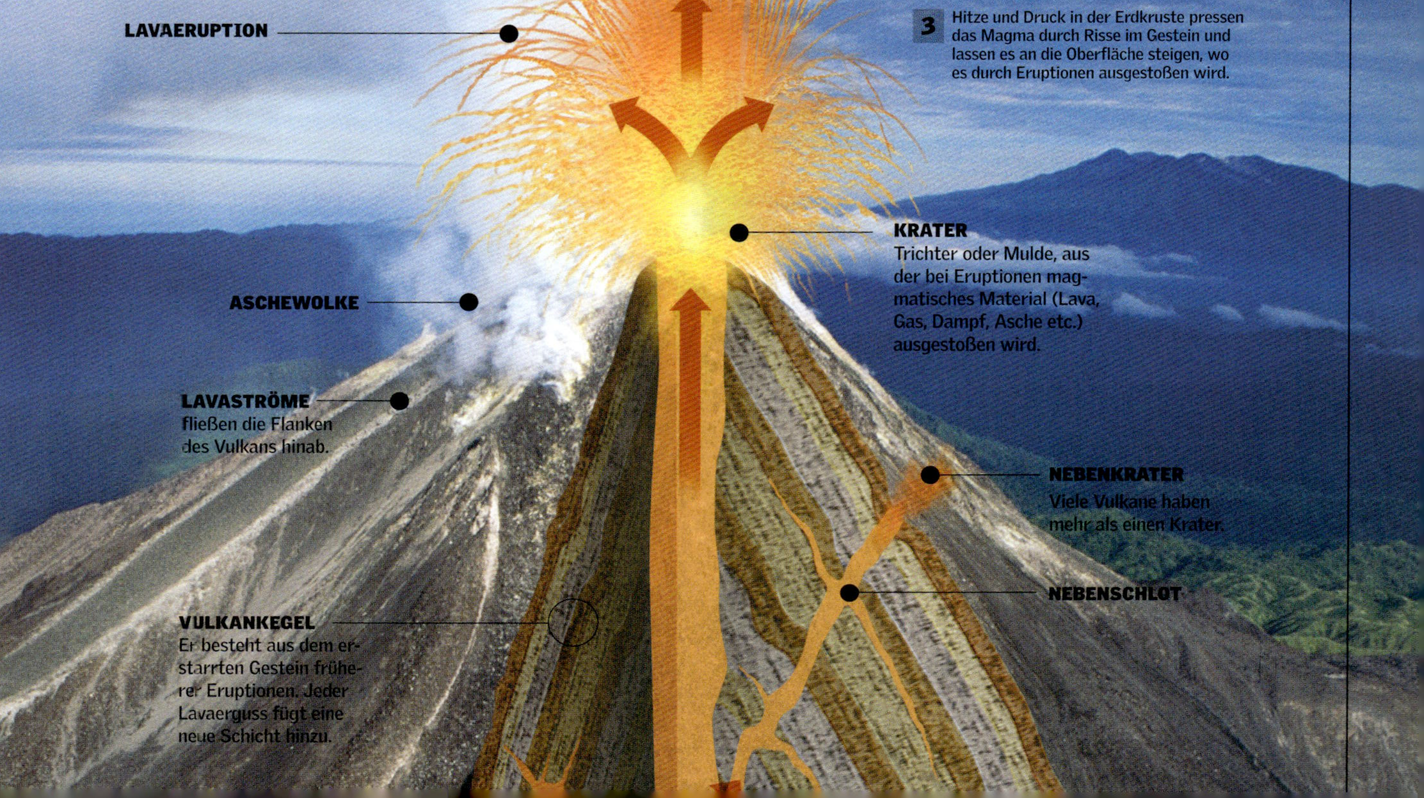

LAVAERUPTION

ASCHEWOLKE

LAVASTRÖME
fließen die Flanken des Vulkans hinab.

VULKANKEGEL
Er besteht aus dem erstarrten Gestein früherer Eruptionen. Jeder Lavaerguss fügt eine neue Schicht hinzu.

VULKANISCHE GEBIRGSZÜGE

Viele Vulkane entstehen durch die besonderen Bedingungen in Subduktionszonen am Rand aufeinander zutreibender Platten.

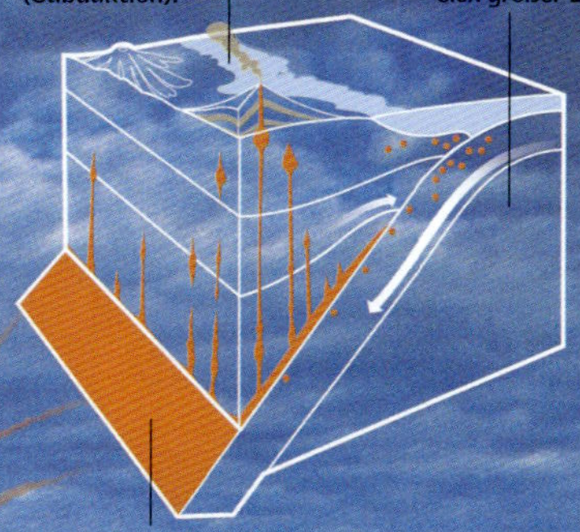

1 Konvergenz zweier Platten: Die eine schiebt sich unter die andere (Subduktion).

2 Das Gestein schmilzt und bildet neues Magma. Zwischen den Platten baut sich großer Druck auf.

3 Hitze und Druck in der Erdkruste pressen das Magma durch Risse im Gestein und lassen es an die Oberfläche steigen, wo es durch Eruptionen ausgestoßen wird.

KRATER
Trichter oder Mulde, aus der bei Eruptionen magmatisches Material (Lava, Gas, Dampf, Asche etc.) ausgestoßen wird.

NEBENKRATER
Viele Vulkane haben mehr als einen Krater.

NEBENSCHLOT

HAUPTSCHLOT
Die Röhre, durch die Magma aufsteigt. Er verbindet die Magmakammer mit der Oberfläche.

ERLOSCHENER SCHLOT

UNTER DEM VULKAN
Beim Aufsteigen zur Oberfläche kann das Magma in verschiedenen Kammern auf verschiedenen Ebenen der Lithosphäre blockiert werden.

Skala in km

100
350
2880
5150
6370

Ozeanische Kruste
Kontinentale Kruste
Lithosphäre
Asthenosphäre
Mesosphäre
Flüssiger Kern
Fester Kern
MAGMA

EINSICKERNDES GRUNDWASSER

Magma kann die Oberfläche erreichen oder im Untergrund verbleiben, wo es sich zwischen Gesteinslagen zwängt und verschiedene Formationen bildet.

AKTIVER VULKAN

MAGMAKAMMER
Ansammlung von geschmolzenem Gestein, das über

1100 °C

heiß sein kann.

In einem aktiven Vulkan ist das Magma in der Kammer durch Temperatur- und Druckunterschiede permanent in Bewegung (Konvektionsströme).

INTRUSION VON MAGMA

PFROPF EINES ERLOSCHENEN VULKANS

SILL
Horizontaler Lagergang zwischen Gesteinsschichten

DIKE
Vertikaler Gesteinsgang aus Magma

Vulkanische Aktivität kann weiter bestehen.

3 Der Kegel bricht in konzentrischen Ringen ein und sinkt in die Kammer.

4 Wo vorher der Krater war, bildet sich eine Senke, die Caldera, die sich mit Regenwasser füllen kann.

Tiefer Bruch

Zu Erdbeben kommt es durch die permanente Bewegung tektonischer Platten, die dabei kollidieren, aneinander vorbei- oder sogar übereinandergleiten. Aus der Erdkruste dringen kaum Signale dieser Vorgänge nach außen. Im Inneren des Gesteins baut sich die Energie so lange auf, bis das Gestein unter der Spannung zerbirst. Dann wird die Energie an den schwächsten Teilen der Erdkruste freigesetzt. Der Boden wird plötzlich erschüttert, ein Erdbeben entsteht.

HÄTTEST DU ES GEWUSST?

Wenn in Japan ein Erdbeben registriert wird, senden Fernsehen, Rundfunk, Internet und Telefon-Netze sofort Warnmeldungen an die Bevölkerung.

1 VORBEBEN
Ein schwaches Beben, das sich Tage oder sogar Jahre vor einem Erdbeben ereignet. Es kann so heftig sein, dass es geparkte Autos bewegt.

2 NACHBEBEN
Eine seismische Bewegung, die auf ein Erdbeben folgen kann. Manchmal richtet ein Nachbeben mehr Zerstörung an als das Erdbeben selbst.

ERDBEBEN PRO JAHR

MAGNITUDE	HÄUFIGKEIT
8 oder höher	1
7 bis 7,9	18
6 bis 6,9	120
5 bis 5,9	800
4 bis 4,9	6200
3 bis 3,9	49000

EPIZENTRUM
Punkt der Erdoberfläche, der direkt über dem Herd des Bebens liegt.

HYPOZENTRUM ODER HERD
Bruchstelle, an der die Energie freigesetzt wird. Sie kann bis zu 700 km tief unter der Oberfläche liegen.

30 Sekunden
Etwa alle 30 Sekunden wird die Erdkruste von einem Beben erschüttert.

ALPINE STÖRUNG

7,05

7,65 RICHTER

EBENE

FALTEN
entstehen durch angestaute Spannungen zwischen tektonischen Platten. Erdbeben setzen einen Teil der bei der Gebirgsfaltung produzierten Energie frei.

Ursprung eines Erdbebens

1

SPANNUNGEN BAUEN SICH AUF
Die Platten bewegen sich entlang der Bruchlinie in entgegengesetzte Richtungen. Irgendwann verhaken sie sich ineinander. Die Spannungen zwischen den Platten wachsen.

2

SPANNUNG GEGEN WIDERSTAND
Weil die Schubkräfte weiterwirken, auch wenn sich die Platten nicht bewegen, wachsen die Spannungen. Gesteinslagen an der Trennungslinie werden verformt und brechen.

3

ERDBEBEN
Wird der Widerstand des Gesteins überwunden, bricht es und bewegt sich mit einem Ruck. Das so ausgelöste Erdbeben ist typisch für eine Transformstörung.

SÜDLICHE ALPEN

SÜDINSEL

3 ERDBEBEN
Das eigentliche Beben dauert wenige Sekunden. Danach zeigen sich im Gelände nahe des Epizentrums einige Veränderungen.

NEUSEELAND
Breite 42° S
Länge 174° O

LAKE TEKAPO

Oberfläche	1 268 680 km²
Einwohner	4 137 000
Bevölkerungsdichte	13,63 Einwohner pro km²
Erdbeben pro Jahr (>4,0)	60–100
Erdbeben insgesamt pro Jahr	14 000

Flüsse nehmen, bedingt durch die Verschiebungen entlang der Bruchlinie, einen kurvenreichen Verlauf.

SEISMISCHE WELLEN
übertragen die Kraft des Erdbebens in einer typischen Wellenbewegung über große Entfernungen. Ihre Intensität nimmt mit der Entfernung ab.

STÖRUNGSFLÄCHE
Sie ist meist gezackt und nicht gerade. Durch diese Unregelmäßigkeiten verhaken sich die tektonischen Platten bei ihrer Bewegung, was zu Erdbeben führt.

25 km
Durchschnittliche Dicke der Erdkruste unter der Insel

ALPINE STÖRUNG IN NEUSEELAND
Wie in dem Querschnitt zu sehen, wird die Südinsel von einer großen Verwerfung durchzogen, die je nach Region ihre Subduktionsrichtung ändert. Im Norden taucht die Pazifische Platte mit durchschnittlich 4,3 cm pro Jahr unter die Indisch-Australische Platte. Im Süden sinkt die Indisch-Australische Platte mit 3,6 cm pro Jahr unter die Pazifische Platte.

KÜNFTIGE VERFORMUNG DER INSEL

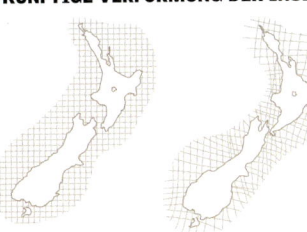

Potenzielle Erdbebenzone

NORDINSEL

Australische Platte

Alpine Störung

SÜDINSEL

Pazifische Platte

Die Ebene im Westen hat sich im Verlauf der letzten 20 Mio. Jahre fast 500 km nach Norden verschoben.

2 MIO. JAHRE   **4 MIO. JAHRE**

Tsunamis

Erdbeben oder Vulkanausbrüche können einen Tsunami (japanisch für „Hafenwelle") auslösen. Tsunamis breiten sich mit bis zu 800 km/h sehr schnell aus. Sobald sie flachere Gewässer erreichen, nimmt die Geschwindigkeit ab, dafür steigt die Wellenhöhe an. Bei Annäherung an die Küste kann die Wasserwand bis auf 30 m Höhe anwachsen. Die Höhe hängt auch von der Küstenform und der Tiefe der Küstengewässer ab. An Land kann die Welle dann weite Gebiete überfluten und schwere Schäden anrichten. 1960 löste ein Erdbeben vor der chilenischen Küste einen Tsunami aus, der entlang eines 800 km langen Küstenstreifens in Südamerika Ansiedlungen wegschwemmte. Nach 24 Stunden erreichten die Wellen Japan und zerstörten dort Küstenorte.

Das Wort **Tsunami** kommt aus dem Japanischen.

TSU NAMI
Hafen   Welle

Ursachen/Auslöser

Eine Erschütterung, die Schwingungen an der Meeresoberfläche zur Folge hat, kann durch seismische Bewegungen am Meeresboden verursacht werden. Meist wird sie durch die Auf- oder Abwärtsbewegung eines Blocks der ozeanischen Kruste ausgelöst, die enorme Wassermassen bewegt. Vulkaneruptionen, Meteoriteneinschläge oder Nuklearexplosionen können ebenfalls zu Tsunamis führen.

90 %
Bewegung tektonischer Platten

10 %
Andere Ursachen

AUFSTEIGENDE PLATTE

Wasserspiegel steigt

Wasserspiegel sinkt

ABSINKENDE PLATTE

Durch den Niveauausgleich werden die Kräfte zur Wellenbildung freigesetzt.

7,5

Nur Erdbeben oberhalb dieser Magnitude auf der Richterskala können einen Tsunami auslösen, der Schäden anrichtet.

1

DAS ERDBEBEN
Eine Bewegung des Meeresbodens schiebt enorme Wassermassen nach oben.

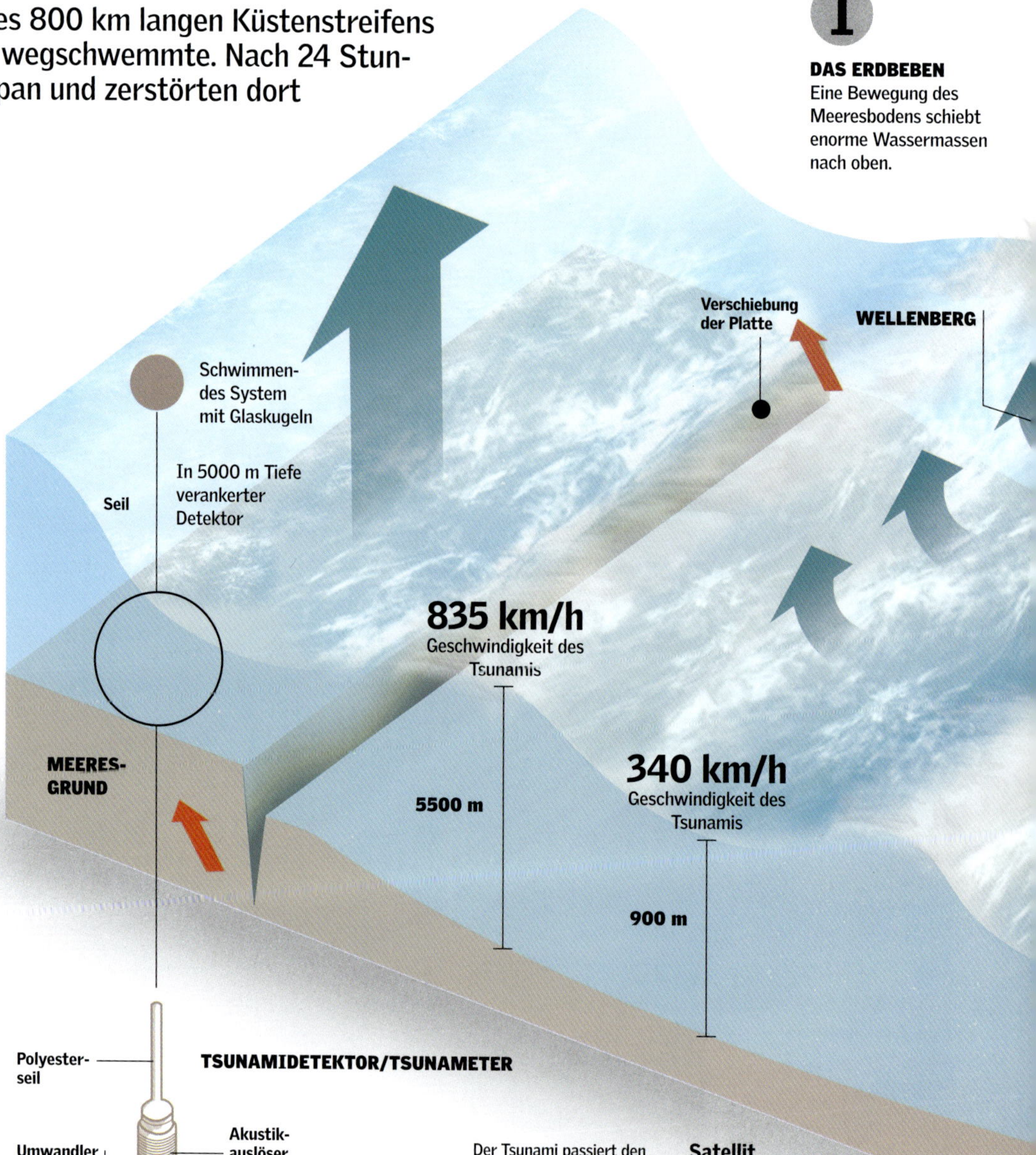

Schwimmendes System mit Glaskugeln

In 5000 m Tiefe verankerter Detektor

Seil

Verschiebung der Platte

WELLENBERG

835 km/h
Geschwindigkeit des Tsunamis

MEERES-GRUND

5500 m

340 km/h
Geschwindigkeit des Tsunamis

900 m

TSUNAMIDETEKTOR/TSUNAMETER

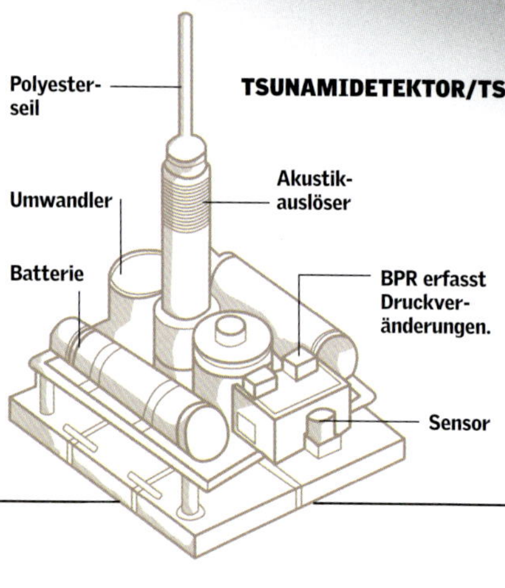

Polyester-seil

Umwandler

Batterie

Akustik-auslöser

BPR erfasst Druckver-änderungen.

Sensor

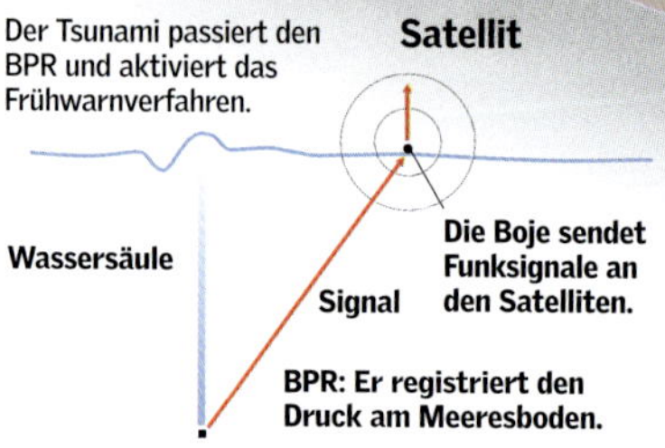

Der Tsunami passiert den BPR und aktiviert das Frühwarnverfahren.

Satellit

Die Boje sendet Funksignale an den Satelliten.

Wassersäule

Signal

BPR: Er registriert den Druck am Meeresboden.

WENN DIE WELLE AUF DIE KÜSTE TRIFFT

A Der Wasserspiegel sinkt ungewöhnlich tief ab. Die wachsende Welle „saugt" Wasser von der Küste weg.

B Die Riesenwelle baut sich auf, bis sie als Wand fast senkrecht aufragt.

VERGLEICH DER WELLENHÖHE

10 m
7,6 m
2,7 m
1,8 m

10 m
TYPISCHE HÖHE EINER GROSSEN TSUNAMIWELLE

C Die Welle bricht sich an der Küste und setzt dabei ihre zerstörerische Energie frei. Es kann eine oder mehrere Wellen geben.

D Das Land ist überflutet. Das Wasser braucht mehrere Stunden oder sogar Tage, bis es seinen normalen Pegel wieder erreicht.

② DIE WELLEN BILDEN SICH

Wenn die Wassermassen zurückgehen, beginnt das Wasser zu schwingen. Die Wellen sind kaum einen halben Meter hoch, und man könnte sie mit einem Schiff queren, ohne etwas zu bemerken.

③ DIE WELLEN BREITEN SICH AUS

Wellen können sich über Tausende von Kilometern ausbreiten, ohne sich abzuschwächen. In Küstennähe, wenn das Meer flacher wird, werden die Wellen langsamer, dafür aber höher.

WELLENTAL

WELLENBERG

LÄNGE DER WELLE
Zwischen 100 und 700 km, gemessen von Wellenberg zu Wellenberg auf hoher See

④ TSUNAMI

An der Küste wird der Weg der Wellen blockiert. Wie eine Rampe lenkt der Küstenstreifen die gesamte Kraft der Wellen nach oben.

HÄTTEST DU ES GEWUSST?

Tsunamis können auch durch Erdrutsche auf dem Meeresgrund verursacht werden. Sie legen aber nicht so weite Wege zurück wie Tsunamis, die durch Erdbeben ausgelöst werden.

Gebäude an der Küste können beschädigt oder zerstört werden.

50 km/h
Geschwindigkeit des Tsunamis

20 m

5 bis 30 Minuten vor Eintreffen des Tsunamis sinkt plötzlich der Wasserspiegel.

Risikogebiete

Risikogebiete findet man überall, wo es aktive Störungen gibt. Solche Verwerfungen sind auf der Erde sehr zahlreich, sie treten häufig in der Nähe von Gebirgszügen und des Mittelozeanischen Rückens auf. Unglücklicherweise entstanden in der Nachbarschaft dieser gefährlichen Orte viele bevölkerungsreiche Zentren, die bei einem Erdbeben zum Katastrophengebiet werden. In Bereichen, in denen tektonische Platten zusammenstoßen, ist die Gefahr noch größer.

Arktischer Ozean

ASIEN

8,1–8,7
ASSAM, 1897
Mehr als 1600 Menschen starben im Nordosten Indiens.

Himalaja

9,0
TOHOKU, 2011
Ein Erdbeben an der Küste von Honshu löste einen Tsunami aus, der fast 16 000 Menschen tötete und das Kernkraftwerk von Fukushima beschädigte.

9,0
SUMATRA, 2004 TSUNAMI IN ASIEN
Ein Erdbeben nahe der Insel Sumatra löste 30 m hohe Wellen aus und führte zu einer menschlichen Tragödie.

PHILIPPINISCHE PLATTE

Indischer Ozean

INDO-AUSTRALISCHE PLATTE

ANTARKTISCHE PLATTE

Pazifischer Ozean

9,2
ALASKA, 1964
Es dauerte 3 bis 5 Minuten. Der anschließende Tsunami forderte 122 Todesopfer.

Rocky Mountains

8,3
SAN FRANCISCO, 1906
Heftige Brände trugen zur Zerstörung der Stadt bei.

PAZIFISCHE PLATTE

8,1
MEXIKO, 1985
Zwei Tage später gab es ein Nachbeben der Stärke 7,6. Über 11 000 Menschen starben.

Pazifischer Ozean

Indo-Australische Platte

BERG

TIEFSEERING

Pazifische Platte

Subduktions-zone

MARIANENGRABEN

Mit 11 033 m Meerestiefe ist dies die tiefste Tiefseerinne der Erde. Der Marianengraben erstreckt sich am westlichen Rand des Nordpazifiks und östlich der Marianen.

COCOS- UND KARIBISCHE PLATTE

Diese beiden Platten sind konvergierende Platten: Die Cocos-Platte schiebt sich unter die Karibische Platte. Durch diese Subduktion kommt es zu zahlreichen Erdbeben und der Bildung von Vulkanen.

Cocos-Platte

Karibische Platte

Indo-Australische Platte

NEUSEELAND-VERWERFUNG

Bei dieser großen Verwerfung, einer Transformstörung, gleiten die Platten seitlich aneinander vorbei.

Pazifische Platte

Regionen mit höchstem Risiko

Erdbeben sind kaum vorhersehbar und gehören zu den zerstörerischsten Naturerscheinungen. In wenigen Sekunden verschieben sie den Untergrund und reißen ihn auf. In einem Gebiet, wo seismische Aktivität und hohe Bevölkerungsdichte zusammentreffen, verwandeln sich dabei friedliche Städte in fürchterliche Katastrophengebiete. Auf dem Land, wo Erdbeben deutlich geringere Auswirkungen haben, fordern einstürzende Gebäude die meisten Opfer.

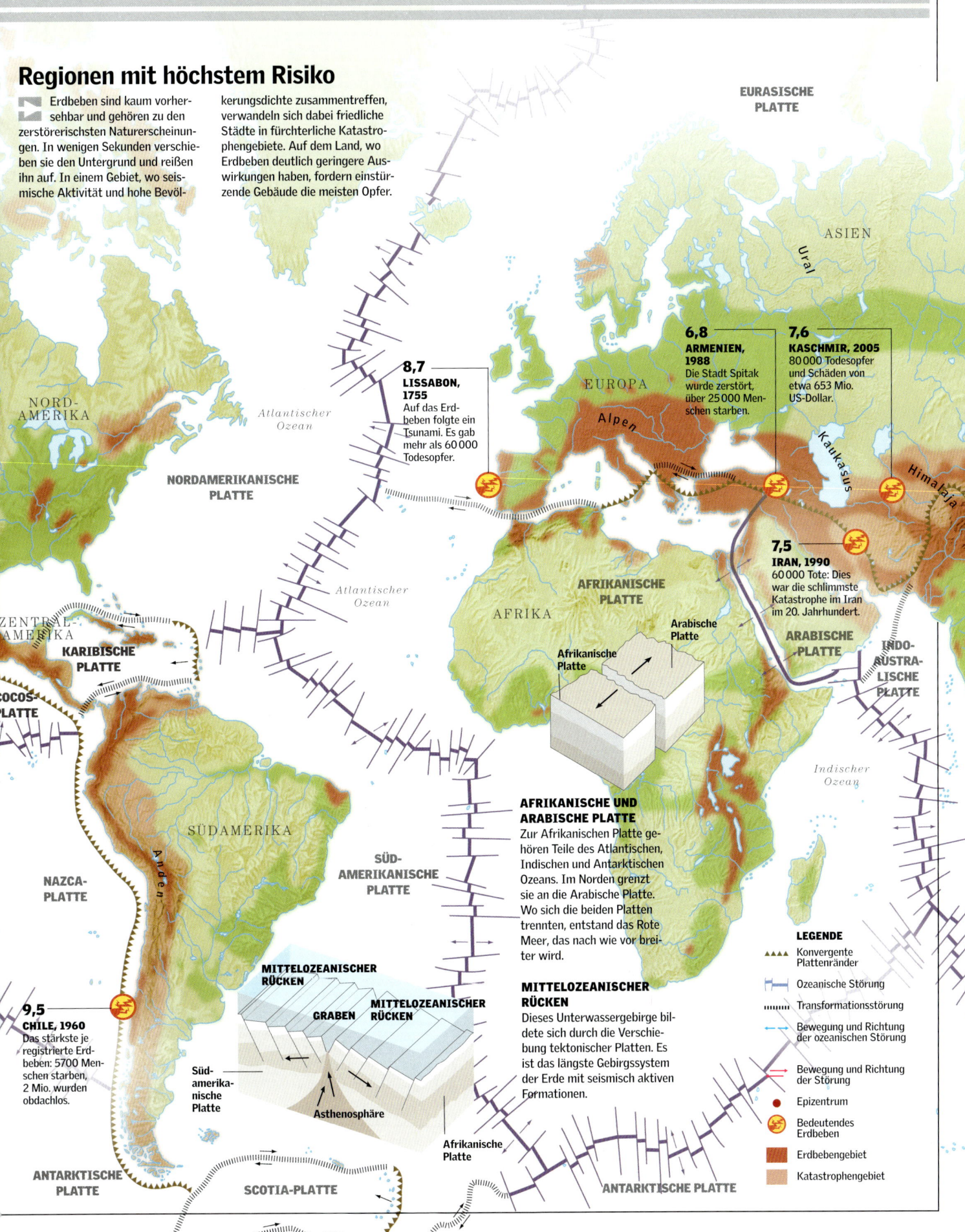

EURASISCHE PLATTE

ASIEN

Ural

NORD-AMERIKA

Atlantischer Ozean

NORDAMERIKANISCHE PLATTE

Atlantischer Ozean

8,7
LISSABON, 1755
Auf das Erdbeben folgte ein Tsunami. Es gab mehr als 60 000 Todesopfer.

EUROPA

Alpen

6,8
ARMENIEN, 1988
Die Stadt Spitak wurde zerstört, über 25 000 Menschen starben.

7,6
KASCHMIR, 2005
80 000 Todesopfer und Schäden von etwa 653 Mio. US-Dollar.

Kaukasus

Himalaja

7,5
IRAN, 1990
60 000 Tote: Dies war die schlimmste Katastrophe im Iran im 20. Jahrhundert.

ZENTRAL-AMERIKA

KARIBISCHE PLATTE

COCOS-PLATTE

AFRIKANISCHE PLATTE

AFRIKA

Arabische Platte

ARABISCHE PLATTE

INDO-AUSTRA-LISCHE PLATTE

Afrikanische Platte

Arabische Platte

SÜDAMERIKA

Anden

SÜD-AMERIKANISCHE PLATTE

Indischer Ozean

NAZCA-PLATTE

AFRIKANISCHE UND ARABISCHE PLATTE
Zur Afrikanischen Platte gehören Teile des Atlantischen, Indischen und Antarktischen Ozeans. Im Norden grenzt sie an die Arabische Platte. Wo sich die beiden Platten trennten, entstand das Rote Meer, das nach wie vor breiter wird.

MITTELOZEANISCHER RÜCKEN

GRABEN

MITTELOZEANISCHER RÜCKEN

9,5
CHILE, 1960
Das stärkste je registrierte Erdbeben: 5700 Menschen starben, 2 Mio. wurden obdachlos.

Süd-amerikanische Platte

Asthenosphäre

MITTELOZEANISCHER RÜCKEN
Dieses Unterwassergebirge bildete sich durch die Verschiebung tektonischer Platten. Es ist das längste Gebirgssystem der Erde mit seismisch aktiven Formationen.

Afrikanische Platte

LEGENDE

▲▲▲▲ Konvergente Plattenränder

Ozeanische Störung

Transformationsstörung

Bewegung und Richtung der ozeanischen Störung

Bewegung und Richtung der Störung

● Epizentrum

Bedeutendes Erdbeben

Erdbebengebiet

Katastrophengebiet

ANTARKTISCHE PLATTE

SCOTIA-PLATTE

ANTARKTISCHE PLATTE

Globales Gleichgewicht

Die Sonneneinstrahlung liefert eine gewaltige Menge an Energie. Sie treibt einen außergewöhnlichen Mechanismus an, der als „Klimasystem" bezeichnet wird. Dieses komplexe System setzt sich zusammen aus Atmosphäre, Hydrosphäre, Lithosphäre, Kryosphäre und Biosphäre. Alle Komponenten stehen untereinander in ständigem Austausch von Stoffen und Energie. Wetter- und Klimaerscheinungen der Vergangenheit – aber auch der Gegenwart und der Zukunft – sind Ausdruck des Zusammenspiels all dieser Subsysteme.

WIND
Die Atmosphäre steht niemals still. Wärme setzt Luftmassen in Bewegung, was zu einer ständigen Zirkulation von Luft in der Atmosphäre führt.

Atmosphäre

Ein Teil der Energie, die von der Sonne stammt, wird von der Atmosphäre aufgenommen. Der Rest wird von der Erde absorbiert oder in Form von Wärme wieder abgegeben. Treibhausgase heizen die Atmosphäre auf, indem sie die Wärmeabstrahlung in den Weltraum verlangsamen.

Biosphäre

Lebewesen (wie Pflanzen) nehmen Einfluss auf Wetter und Klima. Sie bilden die Basis jedes Ökosystems, das Mineralien, Wasser und andere chemische Verbindungen nutzt, und geben Stoffe an andere Subsysteme weiter.

NIEDERSCHLAG
Wasserdampf kondensiert in der Atmosphäre und bildet Tröpfchen, die aufgrund der Schwerkraft an verschiedenen Stellen der Erdoberfläche als Niederschlag fallen.

VERDUNSTUNG
Die Oberflächen von Gewässern halten die Menge an Wasserdampf in der Atmosphäre innerhalb normaler Grenzen.

5–15 %
BETRÄGT DIE ALBEDO TROPISCHER REGENWÄLDER.

WÄRME

TAG UND NACHT SORGEN DIE KÜSTENWINDE FÜR EINEN ENERGIEAUSTAUSCH ZWISCHEN HYDROSPHÄRE UND LITHOSPHÄRE.

MEERESSTRÖMUNGEN

Hydrosphäre

Die Hydrosphäre besteht aus Wasser in allen seinen Aggregatzuständen, das Teil des Klimasystems ist. Auch die Lithosphäre ist größtenteils von flüssigem Wasser bedeckt, und ein Teil des Wassers zirkuliert durch sie.

7–10 %
BETRÄGT DIE ALBEDO VON GEWÄSSERN.

HÄTTEST DU ES GEWUSST?

„Albedo" (von dem lateinischen Wort für Weiß) ist die Maßeinheit für das Rückstrahlvermögen von nicht leuchtenden Oberflächen.

Sonne

ist entscheidend für alle klimatischen Prozesse. Die Erdoberfläche nimmt Strahlungsenergie auf und setzt sie in Wärme um. Ein Teil wird reflektiert. Zum Beispiel nimmt die Biosphäre mittels Fotosynthese Energie auf und verstärkt damit die Aktivitäten der Hydrosphäre.

Kryosphäre

Darunter versteht man alle von Eis bedeckten Regionen der Erde. Von Schnee und Eis bedeckte Regionen reflektieren einen Großteil des auftreffenden Lichts und spielen eine wichtige Rolle in der Zirkulation der Ozeane. Sie regulieren deren Temperatur und Salzgehalt.

80 % BETRÄGT DIE ALBEDO VON FRISCH GEFALLENEM SCHNEE.

Lithosphäre

Dies ist die oberste feste Schicht der Erde. Sie unterliegt einem ständigen Auf- und Umbau, verändert dadurch das Aussehen der Erdoberfläche und hat großen Einfluss auf Wetter und Klima. So kann etwa eine Gebirgskette als geografisches Hindernis fungieren und Wind sowie Feuchtigkeit abhalten.

SONNE

50 % BETRÄGT DIE ALBEDO LEICHTER BEWÖLKUNG.

WÄRME

INDUSTRIE

RAUCH
Partikel in der Atmosphäre können die Wärmeabgabe behindern und als Kondensationskerne für Niederschlag dienen.

UNTERIRDISCHE ZIRKULATION
DIE ZIRKULATION DES WASSERS wird durch die Schwerkraft hervorgerufen. Wasser dringt in den Boden und die Gesteine ein, zirkuliert dort und mündet schließlich in Seen, Flüsse und Meere.

ASCHE
Vulkanausbrüche schleudern Minerale in die Atmosphäre, und die Asche sorgt für fruchtbare Böden. Sie halten außerdem die Sonnenstrahlen ab und reduzieren die Energiemenge, die mittels Sonnenstrahlung auf die Erdoberfläche trifft. Dadurch kühlt sich die Atmosphäre ab.

TREIBHAUSEFFEKT
Manche Gase in der Erdatmosphäre können auf sehr effiziente Weise Wärme speichern. Die Luftschicht, die dem Erdboden am nächsten ist, dient dabei als Schutzschild, der die Temperatur in Grenzen hält, sodass Leben möglich ist.

SONNENENERGIE

OZONSCHICHT

ATMOSPHÄRE

STRATOSPHÄRE

TROPOSPHÄRE

Klimazonen

Verschiedene Regionen in der Welt können, selbst wenn sie weit auseinanderliegen, zu Klimazonen zusammengefasst werden – das heißt, es handelt sich um relativ ähnlich gestaltete Gebiete in Bezug auf klimatische Faktoren wie Temperatur, Luftdruck, Regen und Feuchtigkeit. Unter Klimatologen herrscht nach wie vor Uneinigkeit über die genaue Anzahl und die Charakteristika dieser Regionen, doch die Einteilungen auf dieser Karte werden allgemein anerkannt.

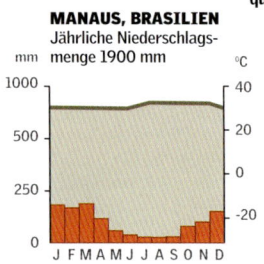

Menschliche Siedlungen

Fruchtbarer Boden, stabiles Klima

Obstbäume

Niederwald

Ackerbau

WARM-GEMÄSSIGTE KLIMATE

werden charakterisiert durch angenehme Temperaturen und mäßige Niederschläge das Jahr über. Die Winter sind mild mit langen frostfreien Perioden. Gemäßigte Zonen sind ideal für viele landwirtschaftliche Produkte.

HOUSTON, USA
Jährliche Niederschlagsmenge 1170 mm

mm / °C
1000 / 40
500 / 20
250 / 0 / -20
0
J F M A M J J A S O N D

TROPISCHE REGENKLIMATE

Hohe Temperaturen das ganze Jahr über, kombiniert mit heftigen Regenfällen, sind charakteristisch für diese Klimazone. Fast die Hälfte der Weltbevölkerung lebt in Gebieten mit tropischem Klima. Die Vegetation ist üppig, und es herrscht eine hohe Luftfeuchtigkeit, da der Wasserdampf in der Luft nicht vollständig absorbiert wird.

MANAUS, BRASILIEN
Jährliche Niederschlagsmenge 1900 mm

mm / °C
1000 / 40
500 / 20
250 / 0 / -20
0
J F M A M J J A S O N D

REGENWALD ODER DSCHUNGEL

Tropische Blumen und Früchte

Im Überfluss vorhandene Wässerquellen

Bewachsener, fruchtbarer Boden

Vegetationsschichten

Eisschicht

Hudson Bay

Rocky Mountains

NORD-AMERIKA

Appalachen

ZENTRAL-AMERIKA

Pazischer Ozean

Amazonasbecken

Atlantischer Ozean

Anden

SÜDAMERIKA

Pampa

Patagonien

15°C

BETRÄGT DIE DURCHSCHNITTLICHE JAHRESTEMPERATUR AUF DER ERDE.

WÜSTE
Sporadisch auftretendes Wasser

Sanddünen

Spärliche Vegetation

TROCKENKLIMATE

Regenmangel ist der entscheidende Faktor für trockene oder halbtrockene Klimazonen – als Ergebnis der Luftströmungen in der Atmosphäre. In diesen Regionen sinkt trockene Luft zu Boden und sorgt für einen klaren Himmel mit vielen Stunden brennender Sonne.

Temperatur und Niederschläge

Die Erdtemperatur hängt von der Sonnenenergie ab; sie ist je nach geografischer Breite unterschiedlich. An den Polen erreichen lediglich 5 % der Sonneneinstrahlung die Erdoberfläche, während es am Äquator fast 75 % sind. Regen ist eine Erscheinung der Atmosphäre. Wolken enthalten Millionen von Wassertröpfchen, die zusammenfließen und Tropfen bilden. Die Größe der Tropfen nimmt weiter zu, bis sie zu schwer sind, um noch länger von den Luftströmungen getragen werden zu können; dann fallen sie in Form von Regen zur Erde.

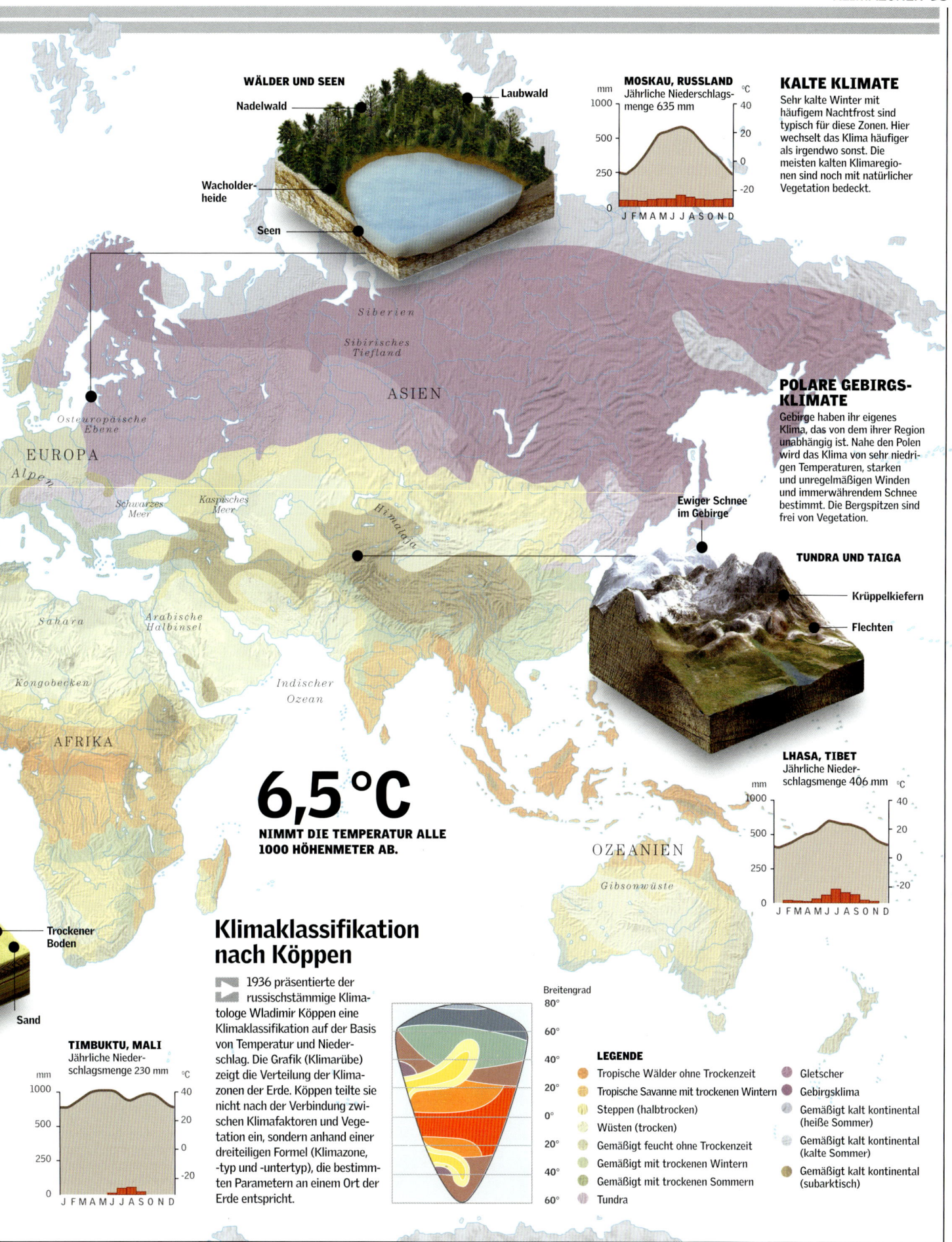

WÄLDER UND SEEN

Nadelwald

Laubwald

Wacholder-
heide

Seen

MOSKAU, RUSSLAND
Jährliche Niederschlags-
menge 635 mm

mm
1000
500
250
0
J F M A M J J A S O N D

°C
40
20
0
-20

KALTE KLIMATE

Sehr kalte Winter mit
häufigem Nachtfrost sind
typisch für diese Zonen. Hier
wechselt das Klima häufiger
als irgendwo sonst. Die
meisten kalten Klimaregio-
nen sind noch mit natürlicher
Vegetation bedeckt.

Siberien

Sibirisches
Tiefland

ASIEN

Osteuropäische
Ebene

EUROPA

Alpen

Schwarzes
Meer

Kaspisches
Meer

Himalaja

POLARE GEBIRGS-
KLIMATE

Gebirge haben ihr eigenes
Klima, das von dem ihrer Region
unabhängig ist. Nahe den Polen
wird das Klima von sehr niedrigen Temperaturen, starken
und unregelmäßigen Winden
und immerwährendem Schnee
bestimmt. Die Bergspitzen sind
frei von Vegetation.

Ewiger Schnee
im Gebirge

TUNDRA UND TAIGA

Krüppelkiefern

Flechten

Sahara

Arabische
Halbinsel

Kongobecken

Indischer
Ozean

AFRIKA

LHASA, TIBET
Jährliche Nieder-
schlagsmenge 406 mm

mm
1000
500
250
0
J F M A M J J A S O N D

°C
40
20
0
-20

6,5°C

**NIMMT DIE TEMPERATUR ALLE
1000 HÖHENMETER AB.**

OZEANIEN

Gibsonwüste

Trockener
Boden

Sand

Klimaklassifikation
nach Köppen

1936 präsentierte der
russischstämmige Klima-
tologe Wladimir Köppen eine
Klimaklassifikation auf der Basis
von Temperatur und Niederschlag. Die Grafik (Klimarübe)
zeigt die Verteilung der Klimazonen der Erde. Köppen teilte sie
nicht nach der Verbindung zwischen Klimafaktoren und Vegetation ein, sondern anhand einer
dreiteiligen Formel (Klimazone,
-typ und -untertyp), die bestimmten Parametern an einem Ort der
Erde entspricht.

TIMBUKTU, MALI
Jährliche Niederschlags-
menge 230 mm

mm
1000
500
250
0
J F M A M J J A S O N D

°C
40
20
0
-20

Breitengrad
80°
60°
40°
20°
0°
20°
40°
60°

LEGENDE

🔶 Tropische Wälder ohne Trockenzeit

🔸 Tropische Savanne mit trockenen Wintern

🟡 Steppen (halbtrocken)

🟡 Wüsten (trocken)

🟢 Gemäßigt feucht ohne Trockenzeit

🟢 Gemäßigt mit trockenen Wintern

🟢 Gemäßigt mit trockenen Sommern

🟣 Tundra

🟣 Gletscher

🟣 Gebirgsklima

⚪ Gemäßigt kalt kontinental
(heiße Sommer)

⚪ Gemäßigt kalt kontinental
(kalte Sommer)

🟤 Gemäßigt kalt kontinental
(subarktisch)

Dynamik der Atmosphäre

Die Atmosphäre ist ein dynamisches System. Temperaturschwankungen und die Erdrotation sind für die horizontalen und vertikalen Luftbewegungen verantwortlich. Die Grafik zeigt, wie die Luft in der Atmosphäre zwischen den Polen und dem Äquator in horizontalen Bändern innerhalb verschiedener Breiten zirkuliert. Zusätzlich verändern die Eigenschaften der Erdoberfläche den Weg der Luft, indem sie Zonen von unterschiedlicher Luftdichte schaffen. Die Beziehungen, die sich zwischen diesen verschiedenen Prozessen ergeben, beeinflussen die klimatischen Verhältnisse unseres Planeten.

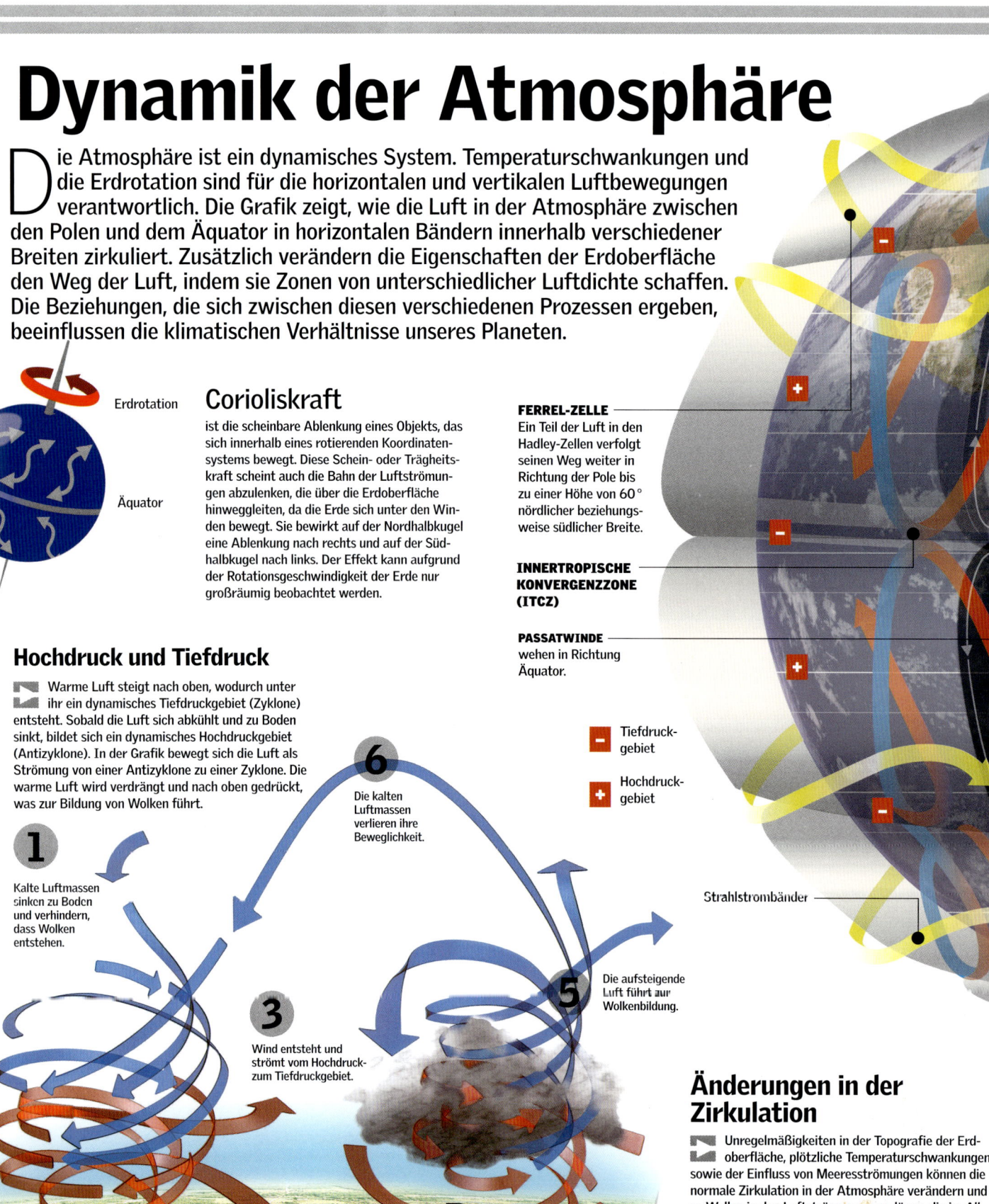

Erdrotation

Äquator

Corioliskraft

ist die scheinbare Ablenkung eines Objekts, das sich innerhalb eines rotierenden Koordinatensystems bewegt. Diese Schein- oder Trägheitskraft scheint auch die Bahn der Luftströmungen abzulenken, die über die Erdoberfläche hinweggleiten, da die Erde sich unter den Winden bewegt. Sie bewirkt auf der Nordhalbkugel eine Ablenkung nach rechts und auf der Südhalbkugel nach links. Der Effekt kann aufgrund der Rotationsgeschwindigkeit der Erde nur großräumig beobachtet werden.

Hochdruck und Tiefdruck

Warme Luft steigt nach oben, wodurch unter ihr ein dynamisches Tiefdruckgebiet (Zyklone) entsteht. Sobald die Luft sich abkühlt und zu Boden sinkt, bildet sich ein dynamisches Hochdruckgebiet (Antizyklone). In der Grafik bewegt sich die Luft als Strömung von einer Antizyklone zu einer Zyklone. Die warme Luft wird verdrängt und nach oben gedrückt, was zur Bildung von Wolken führt.

1 Kalte Luftmassen sinken zu Boden und verhindern, dass Wolken entstehen.

6 Die kalten Luftmassen verlieren ihre Beweglichkeit.

3 Wind entsteht und strömt vom Hochdruck- zum Tiefdruckgebiet.

5 Die aufsteigende Luft führt zur Wolkenbildung.

A

B

2 Die herabsinkende Luft bildet eine Hochdruck- zone (Antizyklone).

4 Warme Luft steigt auf und bildet ein Tiefdruck- gebiet (Zyklone).

FERREL-ZELLE
Ein Teil der Luft in den Hadley-Zellen verfolgt seinen Weg weiter in Richtung der Pole bis zu einer Höhe von 60° nördlicher beziehungs- weise südlicher Breite.

INNERTROPISCHE KONVERGENZZONE (ITCZ)

PASSATWINDE
wehen in Richtung Äquator.

− Tiefdruck- gebiet

+ Hochdruck- gebiet

Strahlstrombänder

Änderungen in der Zirkulation

Unregelmäßigkeiten in der Topografie der Erd- oberfläche, plötzliche Temperaturschwankungen sowie der Einfluss von Meeresströmungen können die normale Zirkulation in der Atmosphäre verändern und so Wellen in den Luftströmungen auslösen, die im All- gemeinen mit Tiefdruckzonen verbunden sind. In diesen Zonen haben auch Stürme ihren Ursprung, weshalb sie für die Wissenschaft von großem Interesse sind. Trotzdem sollten Zyklone und Antizyklone gemeinsam erforscht werden, da die Ersteren von Luftströmungen unterhalten werden, die von Letzteren stammen.

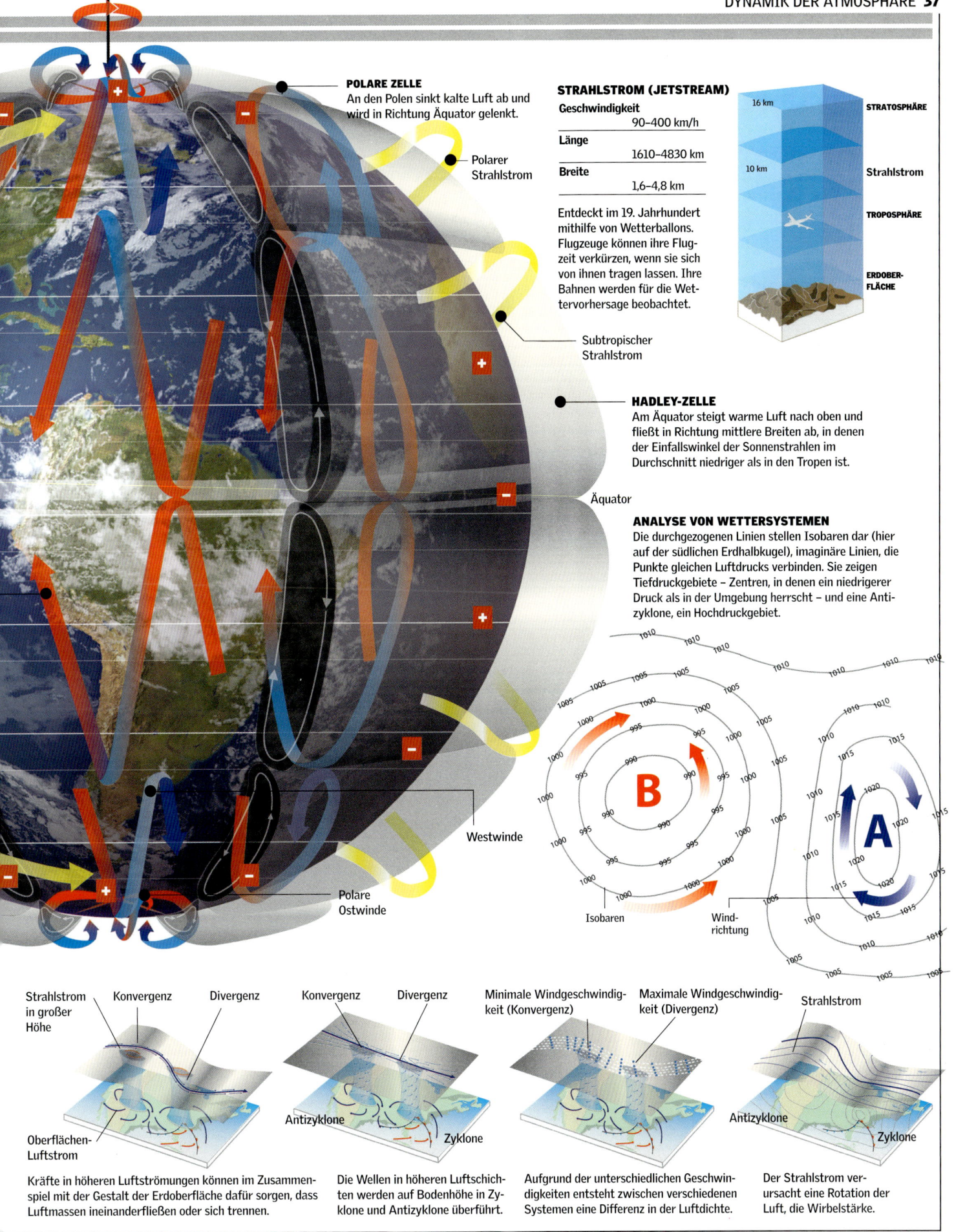

POLARE ZELLE
An den Polen sinkt kalte Luft ab und wird in Richtung Äquator gelenkt.

Polarer Strahlstrom

STRAHLSTROM (JETSTREAM)

Geschwindigkeit	
	90–400 km/h
Länge	
	1610–4830 km
Breite	
	1,6–4,8 km

Entdeckt im 19. Jahrhundert mithilfe von Wetterballons. Flugzeuge können ihre Flugzeit verkürzen, wenn sie sich von ihnen tragen lassen. Ihre Bahnen werden für die Wettervorhersage beobachtet.

16 km · STRATOSPHÄRE
10 km · Strahlstrom
TROPOSPHÄRE
ERDOBER-FLÄCHE

Subtropischer Strahlstrom

HADLEY-ZELLE
Am Äquator steigt warme Luft nach oben und fließt in Richtung mittlere Breiten ab, in denen der Einfallswinkel der Sonnenstrahlen im Durchschnitt niedriger als in den Tropen ist.

Äquator

ANALYSE VON WETTERSYSTEMEN
Die durchgezogenen Linien stellen Isobaren dar (hier auf der südlichen Erdhalbkugel), imaginäre Linien, die Punkte gleichen Luftdrucks verbinden. Sie zeigen Tiefdruckgebiete – Zentren, in denen ein niedrigerer Druck als in der Umgebung herrscht – und eine Antizyklone, ein Hochdruckgebiet.

Westwinde

Polare Ostwinde

Isobaren

Windrichtung

B

A

Strahlstrom in großer Höhe · Konvergenz · Divergenz

Oberflächen-Luftstrom

Kräfte in höheren Luftströmungen können im Zusammenspiel mit der Gestalt der Erdoberfläche dafür sorgen, dass Luftmassen ineinanderfließen oder sich trennen.

Konvergenz · Divergenz

Antizyklone · Zyklone

Die Wellen in höheren Luftschichten werden auf Bodenhöhe in Zyklone und Antizyklone überführt.

Minimale Windgeschwindigkeit (Konvergenz) · Maximale Windgeschwindigkeit (Divergenz)

Aufgrund der unterschiedlichen Geschwindigkeiten entsteht zwischen verschiedenen Systemen eine Differenz in der Luftdichte.

Strahlstrom

Antizyklone · Zyklone

Der Strahlstrom verursacht eine Rotation der Luft, die Wirbelstärke.

Kollision

Wenn zwei Luftmassen unterschiedlicher Temperatur und Feuchtigkeit zusammenstoßen, lösen sie atmosphärische Störungen aus. Warme Luft steigt nach oben, kühlt dabei ab und führt zur Kondensation von Wasserdampf, zu Wolkenbildung und Niederschlägen. Warme, leichte Luftmassen steigen immer nach oben, während kältere und schwerere wie ein Keil wirken, sich unter die warme Luftmasse schieben und sie zwingen, noch schneller aufzusteigen. Dieser Effekt kann verschiedenartige, mitunter stürmische Wetterlagen hervorrufen.

Kaltfront

Eine Kaltfront entsteht, wenn kalte Luftströmungen mit warmer Luft zusammenstoßen. Warme Luft wird nach oben gedrängt, dabei bildet der in der Luft befindliche Wasserdampf Cumuluswolken – dichte, strahlend weiße Quellwolken. Eine Kaltfront kann einen Temperaturabfall von 5 bis 15 °C bewirken und ist durch heftige, unregelmäßige Winde gekennzeichnet. Sobald sie mit dem aufsteigenden Wasserdampf kollidieren, kann das Regen oder Schneefall auslösen. Erfolgt die Kondensation sehr schnell, sind mitunter heftige Wolkenbrüche, Schneestürme (in der kalten Jahreszeit) und Hagel die Folge. Auf der Wetterkarte symbolisieren blaue Pfeile eine Kaltfront, wobei die Spitzen ihre Bewegungsrichtung anzeigen.

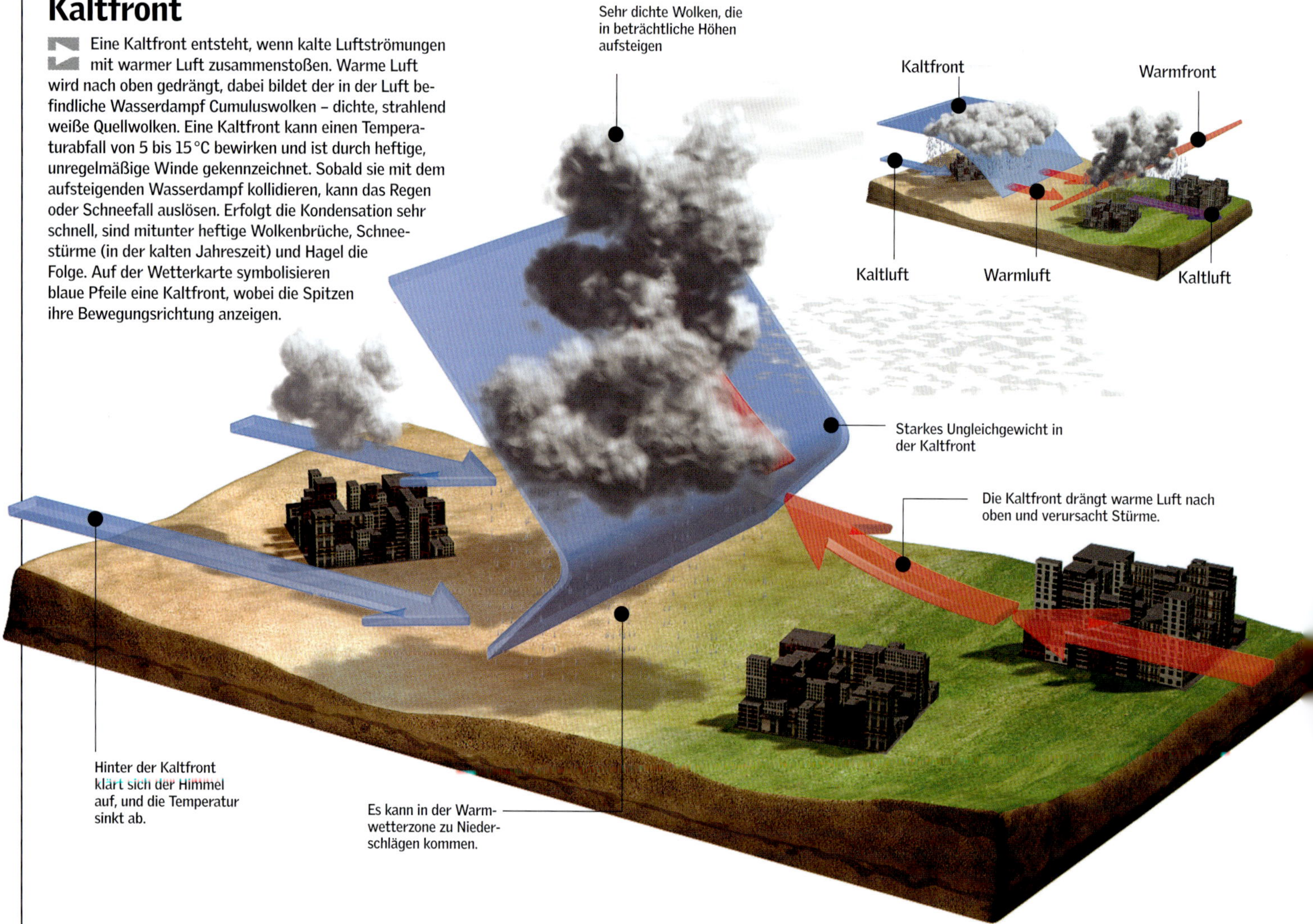

Sehr dichte Wolken, die in beträchtliche Höhen aufsteigen

Kaltfront

Warmfront

Kaltluft

Warmluft

Kaltluft

Starkes Ungleichgewicht in der Kaltfront

Die Kaltfront drängt warme Luft nach oben und verursacht Stürme.

Hinter der Kaltfront klärt sich der Himmel auf, und die Temperatur sinkt ab.

Es kann in der Warmwetterzone zu Niederschlägen kommen.

Rossby-Wellen

Großräumige, horizontal verlaufende Wellenbewegungen in der Atmosphäre, die mit dem Polarfront-Strahlstrom in Zusammenhang stehen. Sie können als breite Wellen innerhalb des Strahlstroms auftreten und die Dynamik des Klimasystems beeinflussen, da sie den Austausch von Energie zwischen niedrigeren und höheren Breiten vorantreiben und sogar die Bildung von Zyklonen auslösen können.

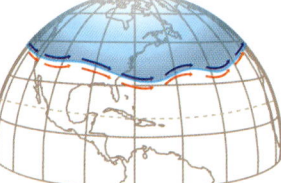
1 Eine lange Rossby-Welle entwickelt sich im Strahlstrom der oberen Troposphäre.

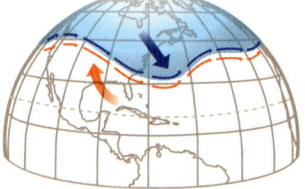
2 Die Corioliskraft betont die Wellenbewegung in der polaren Luftströmung.

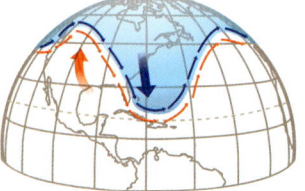
3 Der mäanderförmige Verlauf der Grenze zwischen kalter und warmer Luft begünstigt die Bildung von Zyklonen.

Ganze Kontinente

Fronten erstrecken sich über riesige geografische Gebiete. In diesem Beispiel sorgt eine Kaltfront über Westeuropa für stürmisches Wetter. In Osteuropa erstreckt sich eine Warmfront über weite Teile Polens und bringt leichten Regen. Diese Fronten können an Kraft gewinnen oder verlieren, während sie über die Erdoberfläche dahinziehen, abhängig nur vom globalen Luftdrucksystem.

STATIONÄRE FRONT

Diese Front entsteht, wenn sich Warm- und Kaltluft nicht vorwärtsbewegen, sondern stationär sind. Eine derartige Front kann viele Tage lang bestehen bleiben; sie bringt nur Altocumuluswolken hervor. Die Temperatur bleibt ebenfalls stabil, und es gibt kaum Wind, ausgenommen einige Luftströmungen parallel zur Frontlinie. Leichte Niederschläge sind möglich.

Kaltluft   Warmluft

Kaltluft

200 km

KANN EINE WARMFRONT LANG SEIN, WÄHREND EINE KALTFRONT GEWÖHNLICH 100 KM ERREICHT. IN BEIDEN FÄLLEN BETRÄGT DIE HÖHE ETWA 1 KM.

OKKLUSIONSFRONT

Wenn Kaltluft die kühlere Luft an der Oberfläche ersetzt, während warme Luftmassen darüberstehen, kommt es zu einer Kaltfrontokklusion. Eine Warmfrontokklusion entsteht, wenn kühlere Luft über der kalten aufsteigt. Diese Fronten sind mit Regen oder Schnee, Cumuluswolken, geringfügigen Temperaturschwankungen und leichten Winden assoziiert.

Kaltfront   Warmluft

Kaltluft

Kaltluft

LEGENDE
Oberflächliche Kaltfront   Oberflächliche Warmfront

Warmfront

Sie entsteht unter dem Einfluss von Winden. Eine warme Luftmasse stößt auf eine kalte und verdrängt sie. Die Geschwindigkeit der kalten Luftmasse, die schwerer ist, nimmt in Bodennähe durch die auftretende Reibung ab. Die Warmfront steigt auf und schiebt sich über die kalten Luftmassen, was typischerweise Niederschläge in Bodenhöhe verursacht. Es kommt meist zu leichtem Regen, Schneefall oder Graupelschauern bei schwachem Wind. Erstes Anzeichen einer Warmfront sind Cirruswolken einige 1000 km vor dem Zentrum des heraufziehenden Tiefdruckgebiets. Anschließend werden Schichtwolken gebildet wie Cirrostratus, Altostratus und Nimbostratus, während der Luftdruck fällt.

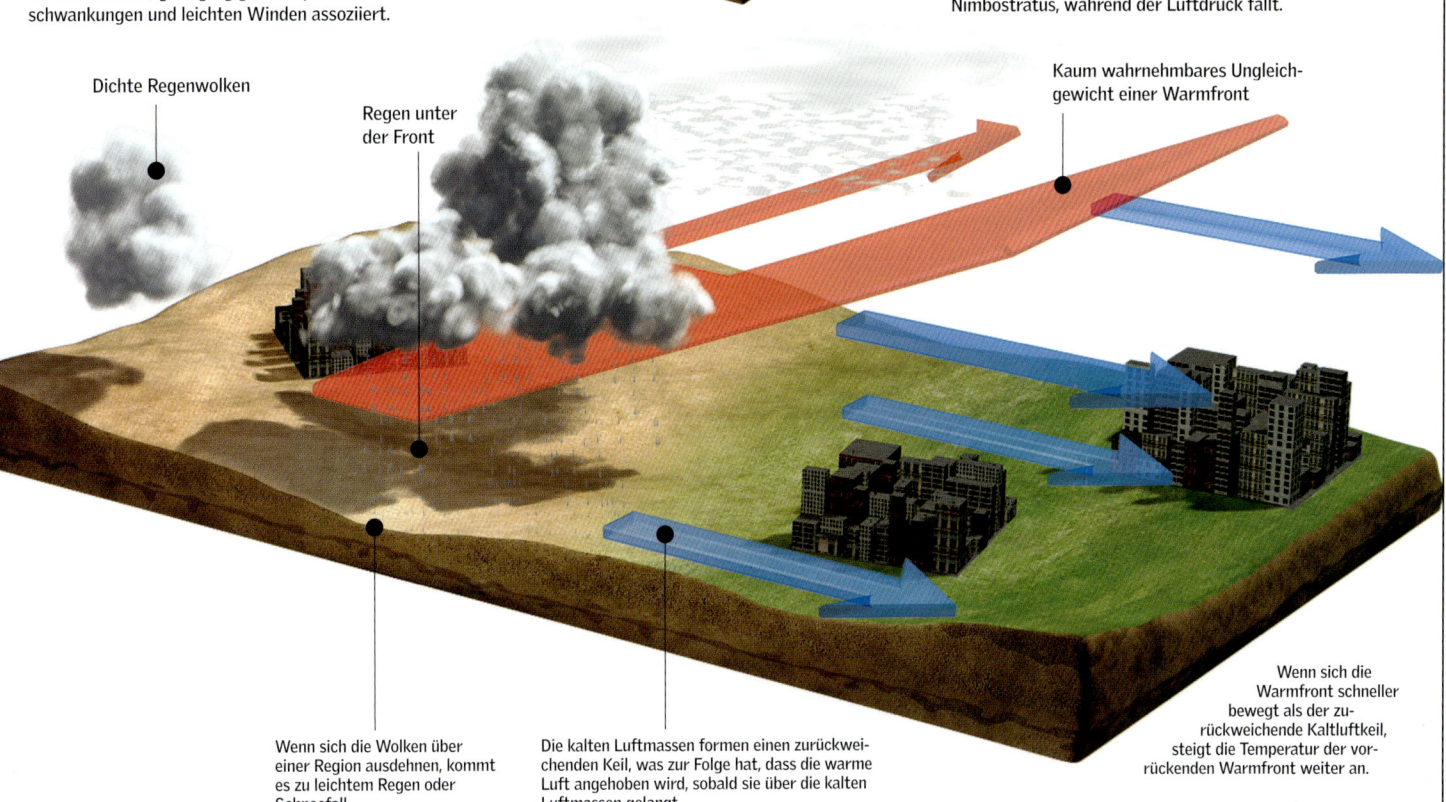

Dichte Regenwolken

Regen unter der Front

Kaum wahrnehmbares Ungleichgewicht einer Warmfront

Wenn sich die Wolken über einer Region ausdehnen, kommt es zu leichtem Regen oder Schneefall.

Die kalten Luftmassen formen einen zurückweichenden Keil, was zur Folge hat, dass die warme Luft angehoben wird, sobald sie über die kalten Luftmassen gelangt.

Wenn sich die Warmfront schneller bewegt als der zurückweichende Kaltluftkeil, steigt die Temperatur der vorrückenden Warmfront weiter an.

Lebendiges Wasser

D as Wasser in Ozeanen, Flüssen und Seen, in Wolken und Regen ist ständig in Bewegung. Oberflächenwasser verdampft, Wasser aus den Wolken gelangt als Niederschlag zurück zur Erde und versickert im Boden. Dennoch ändert sich die Gesamtmenge des Wassers auf der Erde nicht. Wasserzirkulation und -rückhaltung werden vom hydrologischen Zyklus oder Wasserkreislauf gesteuert. Dieser beginnt mit der Verdampfung des Wassers auf der Erdoberfläche. Der Wasserdampf feuchtet die aufsteigende Luft an, kühlt sich ab und kondensiert zu mikroskopisch kleinen Wassertropfen. Diese wiederum fließen zusammen und bilden Wolken. Sobald die Tropfen groß genug sind, fallen sie auf die Erde zurück, je nach Temperatur der Atmosphäre in Form von Regen, Schnee oder Hagel.

1

VERDAMPFUNG
Aufgrund der Sonneneinstrahlung erwärmt sich das Wasser in den Ozeanen und steigt als Wasserdampf in die Atmosphäre. Die Luftfeuchtigkeit wird durch Wasserdampf aus Feuchtgebieten und der Vegetation noch erhöht. Es bilden sich Wolken.

TRANSPIRATION
Schwitzen ist ein natürlicher Vorgang, der die Regulation der Körpertemperatur unterstützt. Sobald diese steigt, werden die Schweißdrüsen stimuliert und sondern Schweiß ab.

2

KONDENSATION
Damit Wasserdampf kondensieren kann und Wolken entstehen, muss die Luft sogenannte Kondensationskerne (Aerosole) enthalten. Sie ermöglichen es den Wassermolekülen, Wolkentröpfchen zu bilden, die ineinanderfließen.

10 % BETRÄGT DER ANTEIL VON LEBEWESEN, VOR ALLEM PFLANZEN, IM VERGLEICH ZU WASSER IN DER ATMOSPHÄRE.

DER MENSCHLICHE KÖRPER BESTEHT ZU 65 % AUS WASSER.

BILDUNG VON TROPFEN
Die Wasserdampfmoleküle verlieren ihre Beweglichkeit und sammeln sich an festen Partikeln, die in der Luft verteilt sind.

Nukleus

GASFÖRMIGER ZUSTAND
Die Sonnenstrahlung verstärkt die Bewegung der Gasmoleküle in der Atmosphäre. Die Kombination von Hitze und Wind verwandelt flüssiges Wasser in Wasserdampf.

3 Der Wasserdampf entweicht über Spaltöffnungen auf der Blattunterseite.

2 Das Wasser steigt in der Sprossachse hoch.

1 Die Wurzel nimmt Wasser auf.

Wurzelzellen

Alle Wassermoleküle sind ungebunden.

WOLKEN

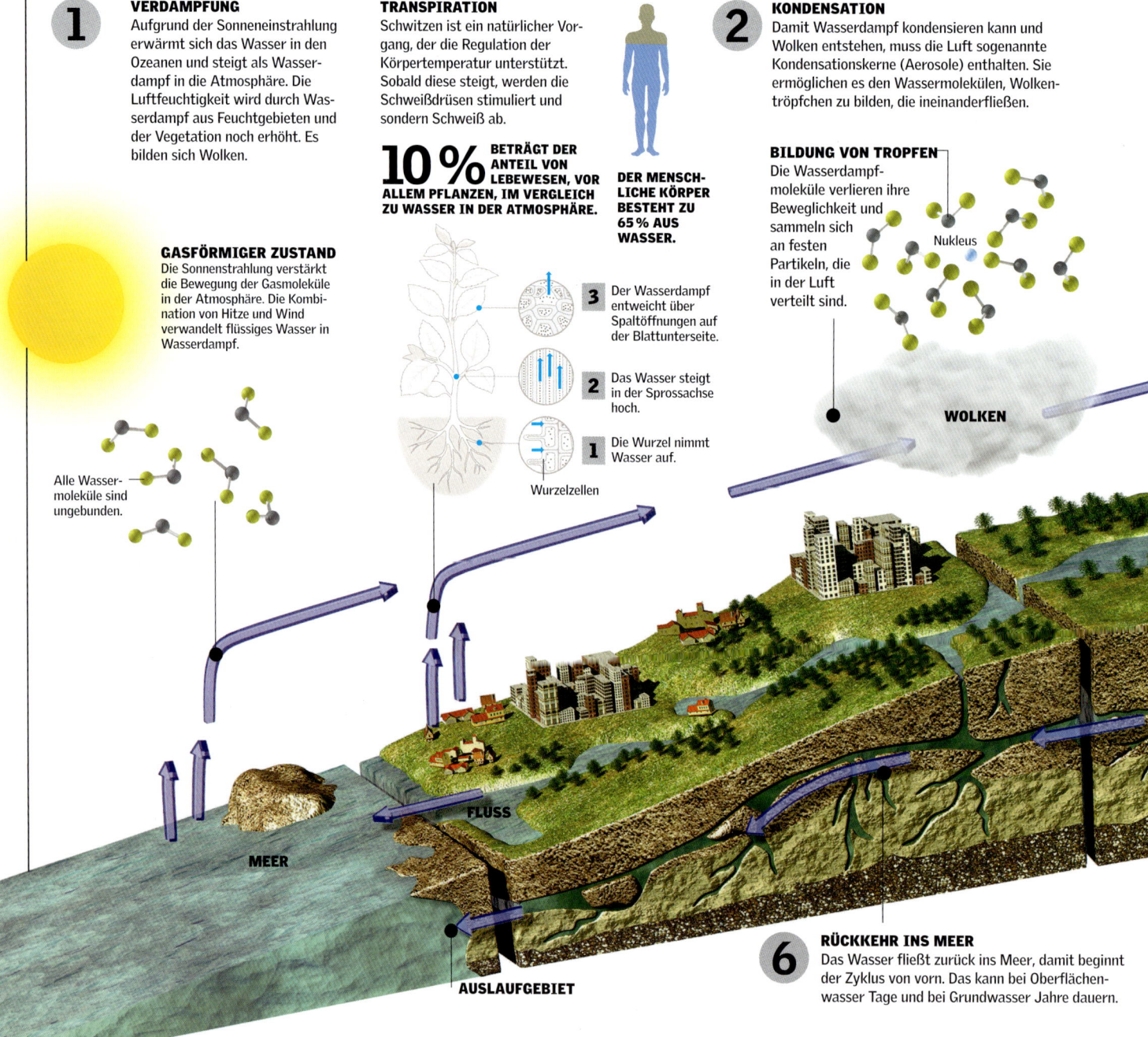

MEER

FLUSS

AUSLAUFGEBIET

6

RÜCKKEHR INS MEER
Das Wasser fließt zurück ins Meer, damit beginnt der Zyklus von vorn. Das kann bei Oberflächenwasser Tage und bei Grundwasser Jahre dauern.

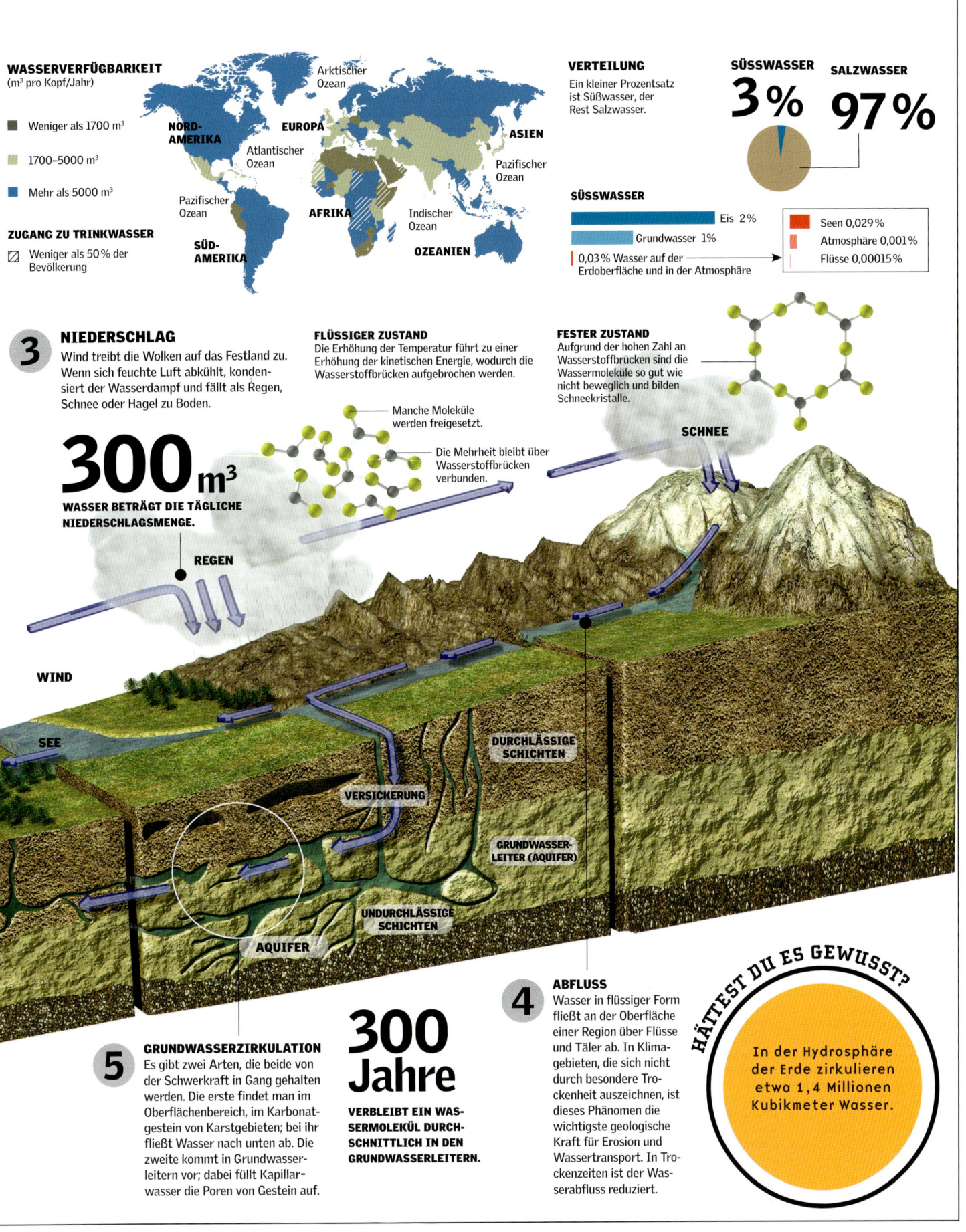

WASSERVERFÜGBARKEIT
(m³ pro Kopf/Jahr)

- ■ Weniger als 1700 m³
- ■ 1700–5000 m³
- ■ Mehr als 5000 m³

ZUGANG ZU TRINKWASSER

- ▨ Weniger als 50 % der Bevölkerung

Arktischer Ozean

NORD-AMERIKA

EUROPA

Atlantischer Ozean

ASIEN

Pazifischer Ozean

Pazifischer Ozean

AFRIKA

Indischer Ozean

SÜD-AMERIKA

OZEANIEN

VERTEILUNG
Ein kleiner Prozentsatz ist Süßwasser, der Rest Salzwasser.

SÜSSWASSER
3%

SALZWASSER
97%

SÜSSWASSER

- Eis 2%
- Grundwasser 1%
- 0,03 % Wasser auf der Erdoberfläche und in der Atmosphäre

- Seen 0,029 %
- Atmosphäre 0,001 %
- Flüsse 0,00015 %

3 NIEDERSCHLAG
Wind treibt die Wolken auf das Festland zu. Wenn sich feuchte Luft abkühlt, kondensiert der Wasserdampf und fällt als Regen, Schnee oder Hagel zu Boden.

FLÜSSIGER ZUSTAND
Die Erhöhung der Temperatur führt zu einer Erhöhung der kinetischen Energie, wodurch die Wasserstoffbrücken aufgebrochen werden.

FESTER ZUSTAND
Aufgrund der hohen Zahl an Wasserstoffbrücken sind die Wassermoleküle so gut wie nicht beweglich und bilden Schneekristalle.

Manche Moleküle werden freigesetzt.

Die Mehrheit bleibt über Wasserstoffbrücken verbunden.

SCHNEE

300m³
WASSER BETRÄGT DIE TÄGLICHE NIEDERSCHLAGSMENGE.

REGEN

WIND

SEE

VERSICKERUNG

DURCHLÄSSIGE SCHICHTEN

GRUNDWASSER-LEITER (AQUIFER)

UNDURCHLÄSSIGE SCHICHTEN

AQUIFER

5 GRUNDWASSERZIRKULATION
Es gibt zwei Arten, die beide von der Schwerkraft in Gang gehalten werden. Die erste findet man im Oberflächenbereich, im Karbonatgestein von Karstgebieten; bei ihr fließt Wasser nach unten ab. Die zweite kommt in Grundwasserleitern vor; dabei füllt Kapillarwasser die Poren von Gestein auf.

300 Jahre
VERBLEIBT EIN WASSERMOLEKÜL DURCHSCHNITTLICH IN DEN GRUNDWASSERLEITERN.

4 ABFLUSS
Wasser in flüssiger Form fließt an der Oberfläche einer Region über Flüsse und Täler ab. In Klimagebieten, die sich nicht durch besondere Trockenheit auszeichnen, ist dieses Phänomen die wichtigste geologische Kraft für Erosion und Wassertransport. In Trockenzeiten ist der Wasserabfluss reduziert.

HÄTTEST DU ES GEWUSST?

In der Hydrosphäre der Erde zirkulieren etwa 1,4 Millionen Kubikmeter Wasser.

Land und Meer

Temperaturverteilung und vor allem Temperaturunterschiede hängen sehr stark davon ab, wie Land und Wasser auf der Erdoberfläche verteilt sind. Unterschiede in der spezifischen Wärme mildern die Temperaturen in Regionen, die in der Nähe großer Wassermassen liegen. Wasser speichert Wärme und gibt sie langsamer wieder frei als Land; deshalb kann ein Wasserkörper seine Umgebung wärmen oder kühlen. Diese Unterschiede zwischen Wasser und Land sind auch die Ursache für die Entstehung von Küstenwinden. Bei klarem Wetter heizt sich das Land tagsüber auf, wodurch die Luft schneller aufsteigt und auflandige Winde nach sich zieht.

BERGWIND

CHINOOKWIND
Dieser trockene und warme, mitunter heiße Fallwind kommt an verschiedenen Stellen der Erde vor. In den westlichen USA heißt er Chinook und kann innerhalb von Minuten Schnee zum Schmelzen bringen.

Feuchte Luftmassen werden über die Gebirgshänge gehoben, Wolkenbildung und Niederschläge auf der Windseite sind die Folge. Diese Winde nennt man adiabatisch.

Trockene und kühle Luftmassen steigen an den Gebirgsabhängen auf der windabgewandten Seite herab. Sie werden als katabatisch bezeichnet.

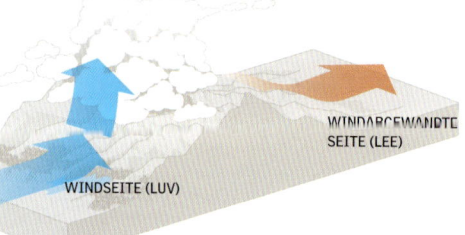

WINDABGEWANDTE SEITE (LEE)

WINDSEITE (LUV)

Wind	Eigenschaften	Vorkommen
Autan	trocken und mild	Südwestfrankreich
Berg	trocken und warm	Südafrika
Bora	trocken und kalt	Dalmatien
Brickfielder	trocken und heiß	Australien
Buran	trocken und kalt	Mongolei
Harmattan	trocken und kühl	Nordafrika
Levante	feucht und mild	Mittelmeer
Mistral	trocken und kalt	Rhonetal
Santa Ana	trocken und heiß	Südkalifornien
Schirokko	trocken und heiß	Südeuropa und Nordafrika
Tramontana	trocken und kalt	Italien, Nordostspanien
Zonda	trocken und mild	Westargentinien

BERG- UND TALWINDE

1 Die Sonne heizt den Talboden und die umgebende Luft auf, die durch Konvektion nach oben steigt.

2 Beim Aufsteigen kühlt die Luft ab, ihre Dichte nimmt zu, bis sie wieder nach unten sinkt. Dann erhitzt sie sich wieder, und der Zyklus beginnt von Neuem.

TAL

BERGHANG

80% NEUSCHNEE

75% DICHTE WOLKEN

15% ALBEDO DER WIESEN

TAG

WÄRMEAUFNAHME

1 Kalte Luftströmungen sinken von den Bergen auf den Talboden herab, der immer noch erwärmt ist.

2 Die Luft heizt sich auf und steigt durch die Konvektion nach oben. Beim Aufsteigen kühlt die Luft ab und sinkt an den Berghängen wieder nach unten.

BERGHANG

TAL

NACHT

WÄRMEFREISETZUNG

WARMLUFT-WIRBELWINDE
Enorme Hitze über ebenen Flächen kann zur Ausbildung einer heißen, spiralförmigen Luftsäule führen, die manchmal über 100 m hoch wird.

1 Starke Winde bewegen sich mit hoher Geschwindigkeit über langsamere Winde hinweg und verdrängen die dazwischenliegenden Luftmassen.

2 Eine kräftige Strömung hebt die Spirale an.

STARKER WIND

SCHWACHER WIND

HITZEINSELN

Großstädte bilden komplexe Oberflächen. Beton und Asphalt absorbieren an sonnigen Tagen große Mengen Sonneneinstrahlung, speichern sie als Wärme und geben sie in der Nacht wieder ab.

ISOTHERMEN EINER TYPISCHEN GROSSSTADT

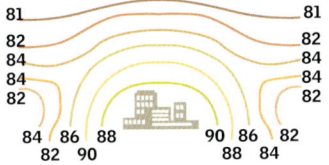

81 ———————————— 81
82 ———————————— 82
84 ———————————— 84
84 ———————————— 84
82 ———————————— 82
84 86 88   90 86 82
   82 90   88 84

KONTINENTALITÄT

Im Inneren einer Landmasse gibt es eine große Bandbreite an Tagestemperaturen; an der Küste dagegen sind die Schwankungen durch den Einfluss des Meeres geringer. Dieser Effekt macht sich vor allem in den USA, Russland, Indien und Australien bemerkbar.

KONTINENTALITÄTSGRAD

Schwächer   Stärker

TEMPERATUR-TAGESGANG IN DEN USA

+ ALBEDO **▸**	**–** ABSORBIERTE ENERGIE

25%
NASSER SAND

3–5%
WASSER (WENN DIE SONNE HOCH AM HIMMEL STEHT)

50%
LEICHTE WOLKEN

5–15%
WÄLDER

Sie nehmen eine beachtliche Menge an Wärme auf und bleiben dabei kühl, da die meiste Energie darauf verwendet wird, die Feuchtigkeit zu verdampfen.

KÜSTENWINDE

1 **AN LAND**
Tagsüber heizt sich das Land schneller auf als das Meer; die warme Luft steigt nach oben und wird durch kühlere Luft ersetzt, die vom Meer her einströmt.

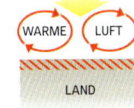

Da das Land lichtundurchlässig ist, bleibt die Wärme in den oberflächlichen Schichten, die sich schnell aufheizen und wieder abkühlen.

WARME | LUFT
LAND

IM MEER
Das Meer erhält Luftmassen von der Küste, die ihre Wärme nahe dem Wasser abgeben. Als Folge sinkt die Luft über dem Meer ab.

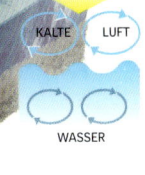

Die Wärme kann in tiefere Schichten vordringen, da das Wasser lichtdurchlässig ist. Ein Teil der Wärme geht bei der Bildung von Wasserdampf verloren.

KALTE | LUFT
WASSER

2 **AN LAND**
Am Abend kühlt das Land wesentlich schneller ab als das Wasser. Die daraus resultierenden Druckunterschiede kehren die Windrichtung um. Aufsteigende Luftmassen über dem Meer ziehen kältere Luft von Land an.

Mit Beginn der Nacht kühlt das vorher heiße Land schnell ab.

KALTE | LUFT
LAND

IM MEER
Das Wasser kühlt langsamer ab.

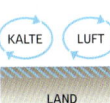

Mit Beginn der Nacht ist das Wasser noch lauwarm (ca. 1°C wärmer als das Land).

WARME | LUFT
WASSER

AUFLANDIGER WIND

Im ländlichen Raum und in bewaldeten Gebieten sinkt kühlere Luft ab.

Nachts gibt die Großstadt die tagsüber absorbierte Wärme langsam wieder ab.

Die Strömungen streben dem Gleichgewicht zu.

ABLANDIGER WIND

LEGENDE

WARMLUFT-STRÖMUNG

KALTLUFT-STRÖMUNG

Regen kündigt sich an

Die Luft im Inneren einer Wolke ist ständig in Bewegung, weshalb die Wassertropfen oder Eiskristalle, die die Wolke bilden, zusammenstoßen und sich vereinigen. Mit zunehmender Größe werden sie schließlich so schwer, dass sie nicht mehr von den Luftströmungen getragen werden können und in Form unterschiedlicher Niederschläge zu Boden fallen. Ein Regentropfen hat einen 100-mal größeren Durchmesser als ein Wassertröpfchen in einer Wolke. Welche Art Niederschlag fällt, hängt davon ab, ob die Wolke Wassertropfen, Eiskristalle oder beides enthält. Je nach Wolkentyp und Temperatur kann der Niederschlag flüssig (Regen) oder fest (Schnee und Hagel) sein.

1 **KONDENSATIONSKERNE**
Salz, Staub, Ruß, Pollen und viele andere Partikel dienen als Oberfläche, auf der Wassermoleküle, die mit der Konvektion aufsteigen, sich niederlassen und Wassertropfen bilden können.

2 **WACHSTUM**
Die kleinsten Wolken hängen sich aneinander und bilden größere; dabei legen sie an Umfang und Höhe zu.

A **AUSDEHNUNG**
Die Wassermoleküle liegen frei als Wasserdampf vor.

B **KONDENSATION**
Die Wassermoleküle lagern sich an einen Kondensationskern an.

C **VEREINIGUNG DURCH ZUSAMMENSTOSS**
Dabei stoßen Moleküle aneinander und verbinden sich zu Tropfen.

Wassermoleküle
Wasserstoff

Sauerstoff

0,5 mm

Sandsturm-partikel

Waldbrand-partikel

Partikel aus den Abgasen von Fabriken und Automobilen

Vulkanische Partikel

Partikel aus Gesteinserosion

Meersalz-partikel

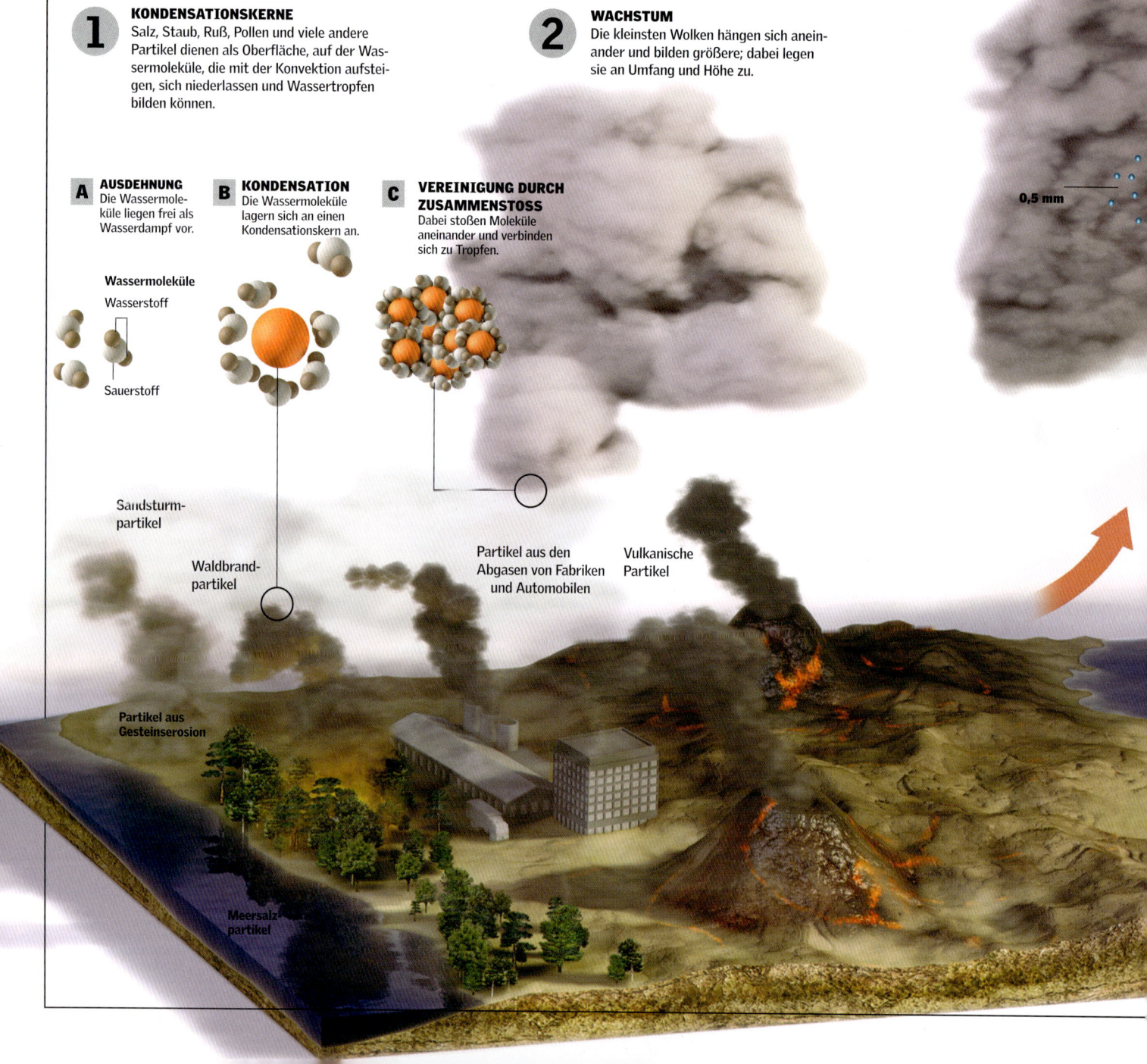

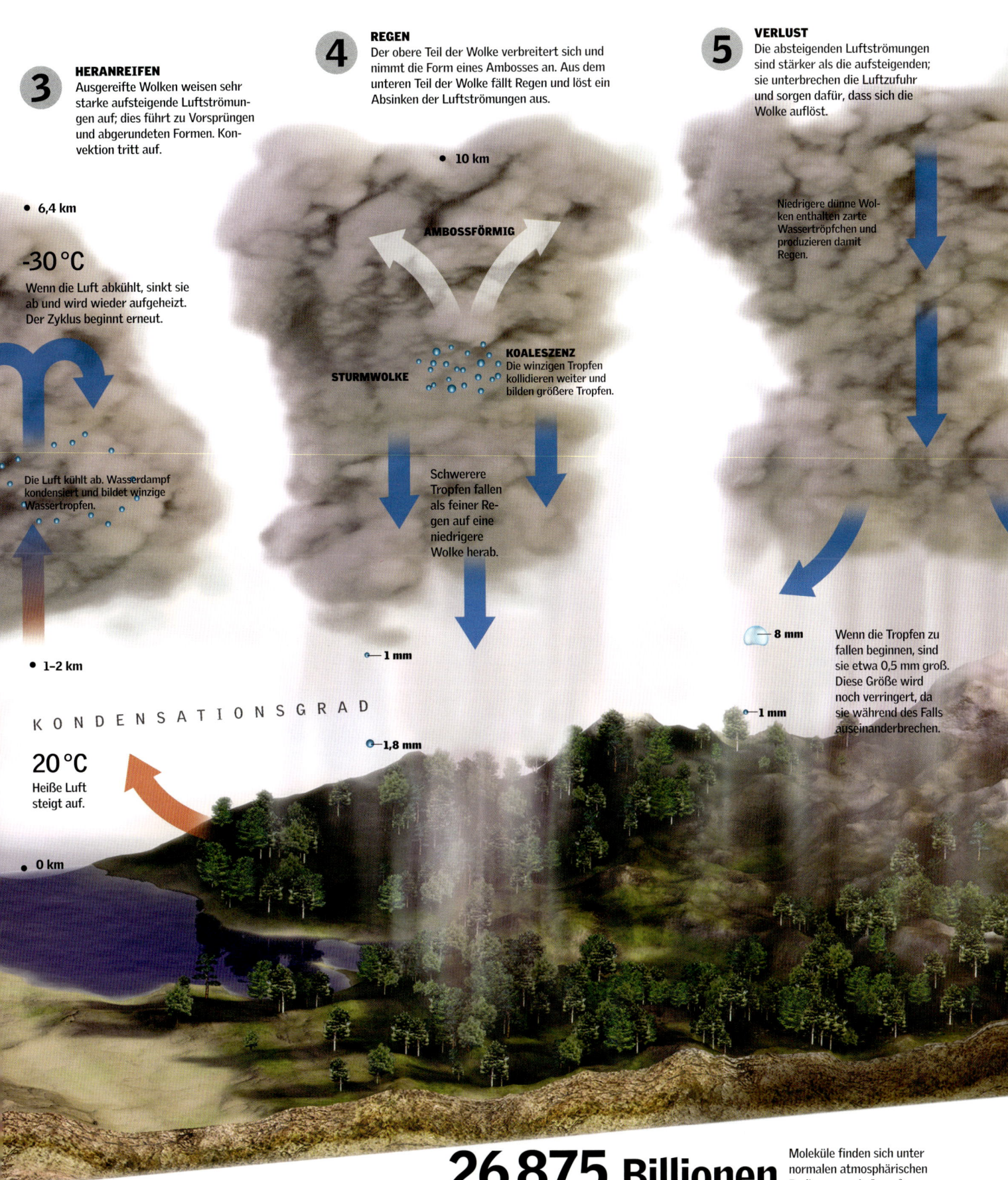

3 HERANREIFEN
Ausgereifte Wolken weisen sehr starke aufsteigende Luftströmungen auf; dies führt zu Vorsprüngen und abgerundeten Formen. Konvektion tritt auf.

• 6,4 km

-30 °C
Wenn die Luft abkühlt, sinkt sie ab und wird wieder aufgeheizt. Der Zyklus beginnt erneut.

Die Luft kühlt ab. Wasserdampf kondensiert und bildet winzige Wassertropfen.

• 1–2 km

K O N D E N S A T I O N S G R A D

20 °C
Heiße Luft steigt auf.

• 0 km

4 REGEN
Der obere Teil der Wolke verbreitert sich und nimmt die Form eines Ambosses an. Aus dem unteren Teil der Wolke fällt Regen und löst ein Absinken der Luftströmungen aus.

• 10 km

AMBOSSFÖRMIG

STURMWOLKE

KOALESZENZ
Die winzigen Tropfen kollidieren weiter und bilden größere Tropfen.

Schwerere Tropfen fallen als feiner Regen auf eine niedrigere Wolke herab.

1 mm

1,8 mm

5 VERLUST
Die absteigenden Luftströmungen sind stärker als die aufsteigenden; sie unterbrechen die Luftzufuhr und sorgen dafür, dass sich die Wolke auflöst.

Niedrigere dünne Wolken enthalten zarte Wassertröpfchen und produzieren damit Regen.

8 mm

1 mm

Wenn die Tropfen zu fallen beginnen, sind sie etwa 0,5 mm groß. Diese Größe wird noch verringert, da sie während des Falls auseinanderbrechen.

26 875 Billionen Moleküle finden sich unter normalen atmosphärischen Bedingungen in 1 mm³.

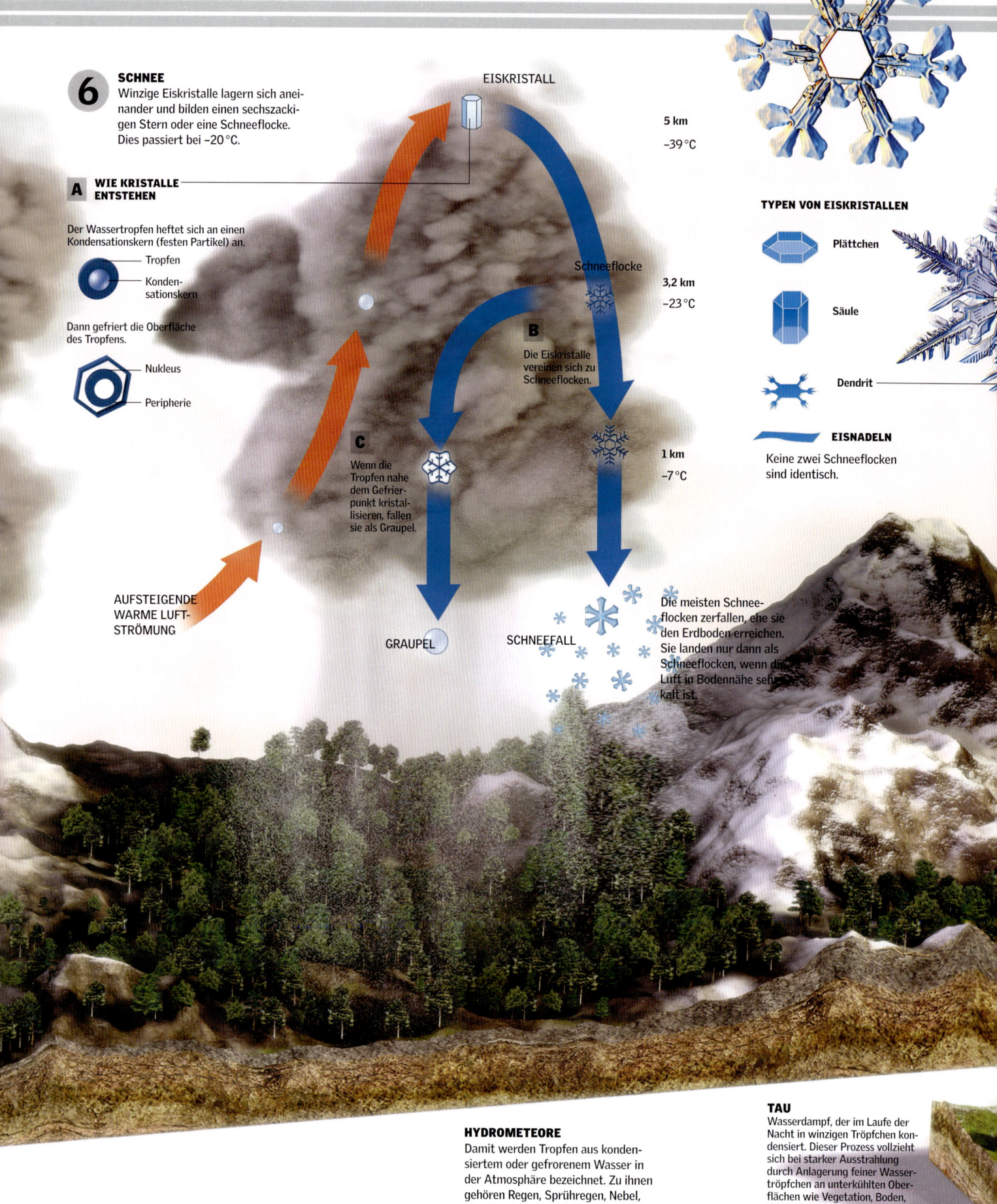

6 SCHNEE
Winzige Eiskristalle lagern sich aneinander und bilden einen sechszackigen Stern oder eine Schneeflocke. Dies passiert bei −20 °C.

A WIE KRISTALLE ENTSTEHEN

Der Wassertropfen heftet sich an einen Kondensationskern (festen Partikel) an.

Tropfen
Kondensationskern

Dann gefriert die Oberfläche des Tropfens.

Nukleus
Peripherie

AUFSTEIGENDE WARME LUFTSTRÖMUNG

EISKRISTALL

5 km
−39 °C

Schneeflocke

3,2 km
−23 °C

B
Die Eiskristalle vereinen sich zu Schneeflocken.

1 km
−7 °C

C
Wenn die Tropfen nahe dem Gefrierpunkt kristallisieren, fallen sie als Graupel.

GRAUPEL

SCHNEEFALL

Die meisten Schneeflocken zerfallen, ehe sie den Erdboden erreichen. Sie landen nur dann als Schneeflocken, wenn die Luft in Bodennähe sehr kalt ist.

TYPEN VON EISKRISTALLEN

Plättchen

Säule

Dendrit

EISNADELN

Keine zwei Schneeflocken sind identisch.

HYDROMETEORE
Damit werden Tropfen aus kondensiertem oder gefrorenem Wasser in der Atmosphäre bezeichnet. Zu ihnen gehören Regen, Sprühregen, Nebel, Hagel, Schnee und Reif.

TAU
Wasserdampf, der im Laufe der Nacht in winzigen Tröpfchen kondensiert. Dieser Prozess vollzieht sich bei starker Ausstrahlung durch Anlagerung feiner Wassertröpfchen an unterkühlten Oberflächen wie Vegetation, Boden, Gegenständen.

VERSCHIEDENE FORMEN

Schneekristalle können die unterschiedlichsten Formen annehmen: Die meisten sind sechseckig – obwohl auch drei- und zwölfeckige vorkommen – und weisen eine hexagonale Symmetrie in einer Ebene auf. Kubische Kristalle bilden sich nur bei sehr niedrigen Temperaturen in der höchsten Schicht der Troposphäre.

Die meisten haben sechs Spitzen.

Schneeflocken messen zwischen 1 und 20 mm.

B

Die Tropfen gefrieren. Jedes Mal, wenn sie nach oben gerissen werden, bildet sich eine neue Schicht Eis. Dieser Prozess, genannt Akkretion, vergrößert den Umfang des Hagelkorns.

Sehr kleine Hagelkörner (Durchmesser von 5 mm oder weniger) werden als Graupel bezeichnet.

A

Vertikale Luftströmungen bewirken, dass sich die Tröpfchen innerhalb der Wolke auf und ab bewegen.

C

Sobald die Hagelkörner zu schwer geworden sind, um noch von den aufsteigenden Luftströmen transportiert werden zu können, fallen sie zu Boden.

AUFSTEIGENDE WARME LUFTSTRÖMUNG

Eine grünliche Wolke oder weißlicher Regen sind Anzeichen für einen Hagelschauer.

7 HAGEL

Niederschlag in Form von massiven Eisklumpen. Hagel entsteht im Inneren von Gewitterwolken; darin nehmen gefrorene Wassertropfen an Größe zu, indem sie im Inneren der Wolke aufsteigen und niedersinken.

QUERSCHNITT DURCH EIN HAGELKORN

Eisschichten

5 bis 50 mm
Durchschnittsgröße von Hagelkörnern

1 kg

WOGEN DIE SCHWERSTEN HAGELKÖRNER, DIE AM 14. APRIL 1986 AUF GOPALGANJ IN BANGLADESCH NIEDERFIELEN.

−3 °C
TEMPERATUR DER LUFT

0 °C
TAUPUNKT

5 °C
TEMPERATUR DES BODENS

REIF
Reif bildet sich, wenn der Taupunkt der Luft unter 0 °C liegt und Wasserdampf direkt in Eis übergeht, sobald er sich auf Oberflächen niederschlägt.

RAUREIF
Ähnlich wie Reif, aber dicker. Er bildet sich normalerweise bei Nebel.

HÄTTEST DU ES GEWUSST?

Der höchste jährliche Schneefall wurde auf dem Mount Rainier im US-Staat Washington verzeichnet. 28,5 m Schnee fielen dort zwischen dem 1. Juli 1971 und dem 30. Juni 1972.

Ein kurzer Blitz

Gewitterstürme entstehen in großen Cumulonimbuswolken und werden normalerweise begleitet von schweren Regenfällen mit Blitz und Donner. Die Stürme bilden sich in Tiefdruckzonen, in denen die Luft wärmer und weniger dicht ist als in der umgebenden Atmosphäre. Innerhalb der Wolken baut sich eine enorme elektrische Ladung auf, die in einem zickzackförmigen Blitz zwischen Wolke und Erdboden, Wolke und Luft oder Wolke und einer anderen Wolke entladen und so freigesetzt wird. Hinzu kommt, dass die während der Entladung frei gewordene Hitze für eine Ausdehnung und Kontraktion der Luft sorgt, die man als Donner bezeichnet.

1 URSPRUNG

Blitze entstehen innerhalb großer Gewitterwolken vom Typ Cumulonimbus. Sie können negative oder positive elektrische Ladung tragen.

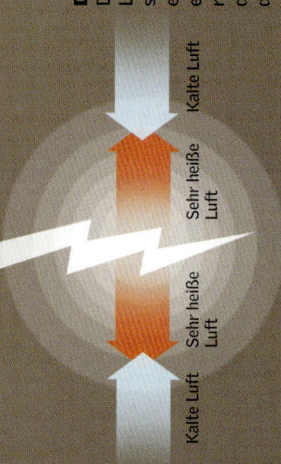

Kalte Luft
Warme Luft

VERSCHIEDENE BLITZE

Blitze lassen sich primär danach unterscheiden, welchen Weg die elektrischen Entladungen nehmen, die sie auslösen.

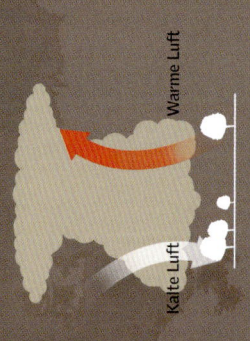

LUFTENTLADUNG
Die Entladung erfolgt zwischen Wolke und Luftmasse mit entgegengesetzter Ladung.

WOLKENENTLADUNG
Der Blitz erscheint innerhalb einer Wolke oder zwischen zwei entgegengesetzt geladenen Wolken.

ERDENTLADUNG
Die negativen Ladungen der Wolke werden durch die positiven Ladungen des Erdbodens angezogen.

2 IM INNEREN DER WOLKE

Elektrische Ladungen entstehen beim Zusammenstoß von Eiskristallen oder Hagelkörnern. Warme Luftströmungen steigen auf und verschieben die Ladungen in der Wolke.

TRENNUNG

Die Ladungen trennen sich, die positiven sammeln sich an der Spitze und die negativen an der Basis der Wolke.

3 ELEKTRISCHE LADUNGEN

Die negativen Ladungen der Wolke werden von den positiven Ladungen des Erdbodens angezogen. Der Unterschied im elektrischen Potenzial zwischen diesen beiden Regionen führt zur Entladung.

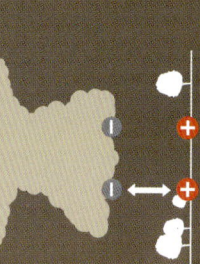

INDUZIERTE LADUNG

Die negative Ladung in der Wolkenbasis induziert eine positive Ladung im darunterliegenden Boden.

4 ENTLADUNG

Die Entladung verläuft von der Wolke in Richtung Boden, nachdem der Entladungskanal aus ionisierter Luft aufgebaut worden ist.

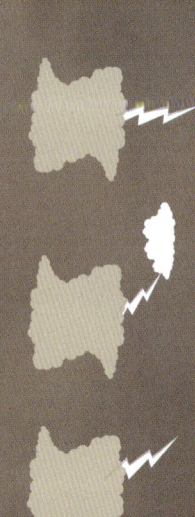

Kalte Luft
Sehr heiße Luft
Sehr heiße Luft
Kalte Luft

DONNER

Der Knall, den die Luft erzeugt, wenn sie sich aufgrund der extremen Hitze bei einem Blitz sehr rasch ausdehnt und die Schallmauer durchbricht.

14 000 km/s Geschwindigkeit

Blitz: 14 000 km/s

Flugzeug: 0,3 km/s

Formel-1-Wagen: 0,1 km/s

100 Mio. Volt

BETRÄGT DAS ELEKTRISCHE POTENZIAL EINES BLITZES.

110 VOLT BRAUCHT EINE GLÜHLAMPE.

EIN WINDRAD ERZEUGT 200 VOLT.

5 RÜCKSCHLAG

In der Endphase steigt die Entladung vom Erdboden zur Wolke hoch.

ENTLADUNGSFOLGE

Kanal

1. Phase

2. Phase

3. Phase

1. Rückschlag

2. Rückschlag

3. Rückschlag

A

Der Blitzschlag pflanzt sich über einen ionisierten Kanal fort, der sich verzweigt. Elektrische Ladungen laufen den gleichen Kanal entlang in die entgegengesetzte Richtung.

B

Wenn die Wolke zusätzliche elektrische Ladungen trägt, werden diese ebenfalls durch den Tunnel des ersten Blitzschlags zur Erde geleitet, wo sie einen zweiten Rückschlag in Richtung Wolke generieren.

C

Wie beim zweiten Schlag weist die Entladung keine Verzweigungen auf. Wenn die rückzulaufende Ladung endet, kommt auch die Sequenzfolge zu einem Ende.

EINSCHLAG 20 m

beträgt der Radius der Fläche, die ein Blitz auf der Erdoberfläche in Mitleidenschaft ziehen kann.

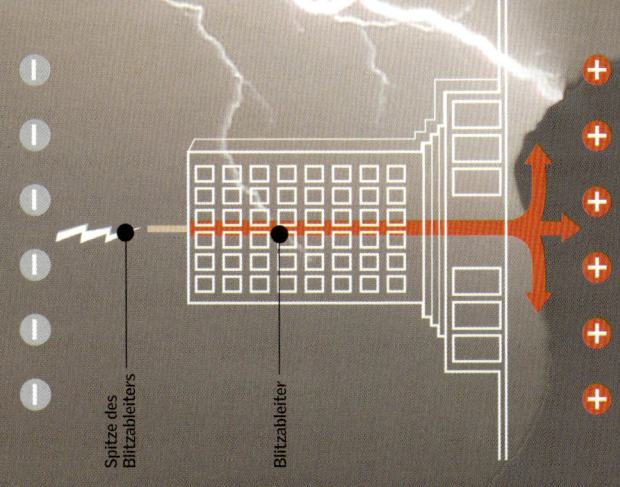

BLITZABLEITER

Die Hauptfunktion eines Blitzableiters besteht darin, die elektrostatische Entladung zu erleichtern, die dem Weg des geringsten elektrischen Widerstands folgt.

Spitze des Blitzableiters

Blitzableiter

Ein Blitzableiter ist ein Instrument, das in einem oder mehreren Punkten endet und dazu dient, Blitze anzuziehen und die elektrische Ladung in den Boden abzuleiten, um so Menschen oder Gebäude vor einem Einschlag zu schützen. Ein berühmtes Experiment von Benjamin Franklin führte zur Erfindung dieses Apparats. Während eines Gewitters ließ er einen Drachen in die Wolken steigen, und es kam zu einer heftigen Entladung. Der Blitzableiter war geboren. Er besteht aus einer Eisenstange, die am höchsten Punkt des zu schützenden Objekts angebracht ist. Diese steht über einen metallischen, isolierten Leiter mit dem Erdboden in Verbindung.

Anatomie eines Hurrikans

Ein Hurrikan zählt mit seinen heftigen Windböen, Wolkenbänken und sintflutartigen Regenfällen zu den spektakulärsten Wettererscheinungen auf unserer Erde. Charakteristisch ist ein intensives Tiefdruckgebiet im Zentrum, das von spiralförmig angeordneten Wolkenbänken umgeben ist. Diese rotieren um das Auge des Hurrikans auf der nördlichen Erdhalbkugel entgegen dem Uhrzeigersinn und auf der südlichen Erdhalbkugel im Uhrzeigersinn. Während Tornados eher kurzlebig und räumlich beschränkt sind, kann ein Hurrikan enorme Ausmaße erreichen.

TAG 1
Ein Wust aus Wolken wird gebildet.

1 BEGINN EINES HURRIKANS
Wenn die Winde aufeinandertreffen, versetzen sie die Luft in Rotation, und zwar entgegen dem Uhrzeigersinn auf der nördlichen Erdhalbkugel und im Uhrzeigersinn auf der südlichen.

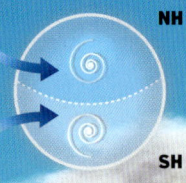

NH
SH
Ein Hurrikan rotiert auf der nördlichen Hemisphäre entgegen dem Uhrzeigersinn, auf der südlichen Hemisphäre im Uhrzeigersinn.

RANDZONEN VON GEWITTERWOLKEN
rotieren heftig um die zentrale Zone.

DAS AUGE
Zentrum mit äußerst niedrigem Druck.

Absinkende Luftströmungen

HÄTTEST DU ES GEWUSST?
Nur über Meerwasser mit einer Temperatur von mindestens 26,5 °C und einer Tiefe von mindestens 50 m kann sich ein tropischer Wirbelsturm bilden.

Die Luft rotiert um das Auge.

Wolkenbänder in Spiralform

AUGENWALL
Hier entstehen die stärksten Winde.

WASSERDAMPF
steigt warm vom Meer auf und bildet eine Wolkensäule, die 1200 m bis ins Zentrum des Wirbelsturms reicht.

Starke aufsteigende Strömungen

Die Passatwinde werden in Richtung Wirbelsturm gelenkt.

TAG 2
Die Wolken beginnen zu rotieren.

HURRIKAN   TAIFUN

Äquator

ZYKLON

TAG 3
Es bildet sich eine deutliche Spiralform heraus.

GEFÄHRLICHE ZONE
Zu den Gebieten in den USA, die für Hurrikane anfällig sind, zählen die Atlantikküste und die Küsten am Golf von Mexiko von Texas bis Maine. Die karibischen und tropischen Gebiete des westlichen Pazifiks einschließlich Hawaii, Guam, Amerikanisch-Samoa und Saipan werden ebenfalls häufig von Hurrikanen heimgesucht.

2 **ROTATION**
Die Luftzirkulation verursacht einen Druckabfall im Zentrum des Sturms und schafft auf diese Weise eine zentrale Luftsäule.

TAG 6
Mittlerweile herangewachsen, entwickelt der Hurrikan ein sichtbares Auge.

TAG 12
Der Hurrikan fällt allmählich auseinander, wenn er Land erreicht.

30 km/h
Fortbewegungsgeschwindigkeit, mit der er die Küste erreicht.

Die Höhenwinde wehen von der Außenseite des Sturms.

REIBUNG
Wenn der Hurrikan das Festland erreicht, bewegt er sich langsamer vorwärts. Da er hier auf besiedelte Regionen trifft, sind die Zerstörungen, die er anrichtet, besonders groß.

3 **ENDE**
Wenn sie vom Meer kommend auf das Land treffen, richten Hurrikane enorme Schäden an, bevor sie sich allmählich auflösen.

DIE WEGSTRECKE DES HURRIKANS

30 m
VON DEN WELLEN ERREICHTE MAXIMALE HÖHE.

1

2

3

4

5

KLASSIFIKATIONSSKALA FÜR HURRIKANE
Saffir-Simpson-Hurrikanskala

	SCHADEN	WINDGESCHWINDIG-KEIT IN km/h	ANSTIEG WAS-SERSPIEGEL IN m
KAT. 1	**SCHWACH**	119 bis 153	1,2 bis 1,5
KAT. 2	**MÄSSIG**	154 bis 177	1,8 bis 2,4
KAT. 3	**STARK**	178 bis 208	2,7 bis 3,6
KAT. 4	**SEHR STARK**	209 bis 251	4,0 bis 5,5
KAT. 5	**VERWÜSTEND**	über 251	über 5,5

WINDAKTIVITÄT

Leichte Winde bestimmen seine Richtung und lassen ihn wachsen.

Die Winde strömen nach außen.

Alles verändert sich

Wind, Eis und Wasser sind die natürlichen Faktoren, die die Erdoberfläche am intensivsten verändern. Erosion und Transport sind Prozesse, die Gesteinsmaterial schaffen und es verteilen. Dann setzen sich diese Materialien ab, werden verfestigt, und neues Gestein entsteht, das wiederum in Sediment verwandelt wird. Sedimentgesteine bedecken 70 % der Erdoberfläche. Aus der Untersuchung von Sedimentgesteinen unterschiedlichen Alters können Wissenschaftler auf die Veränderungen von Klima und Umwelt schließen.

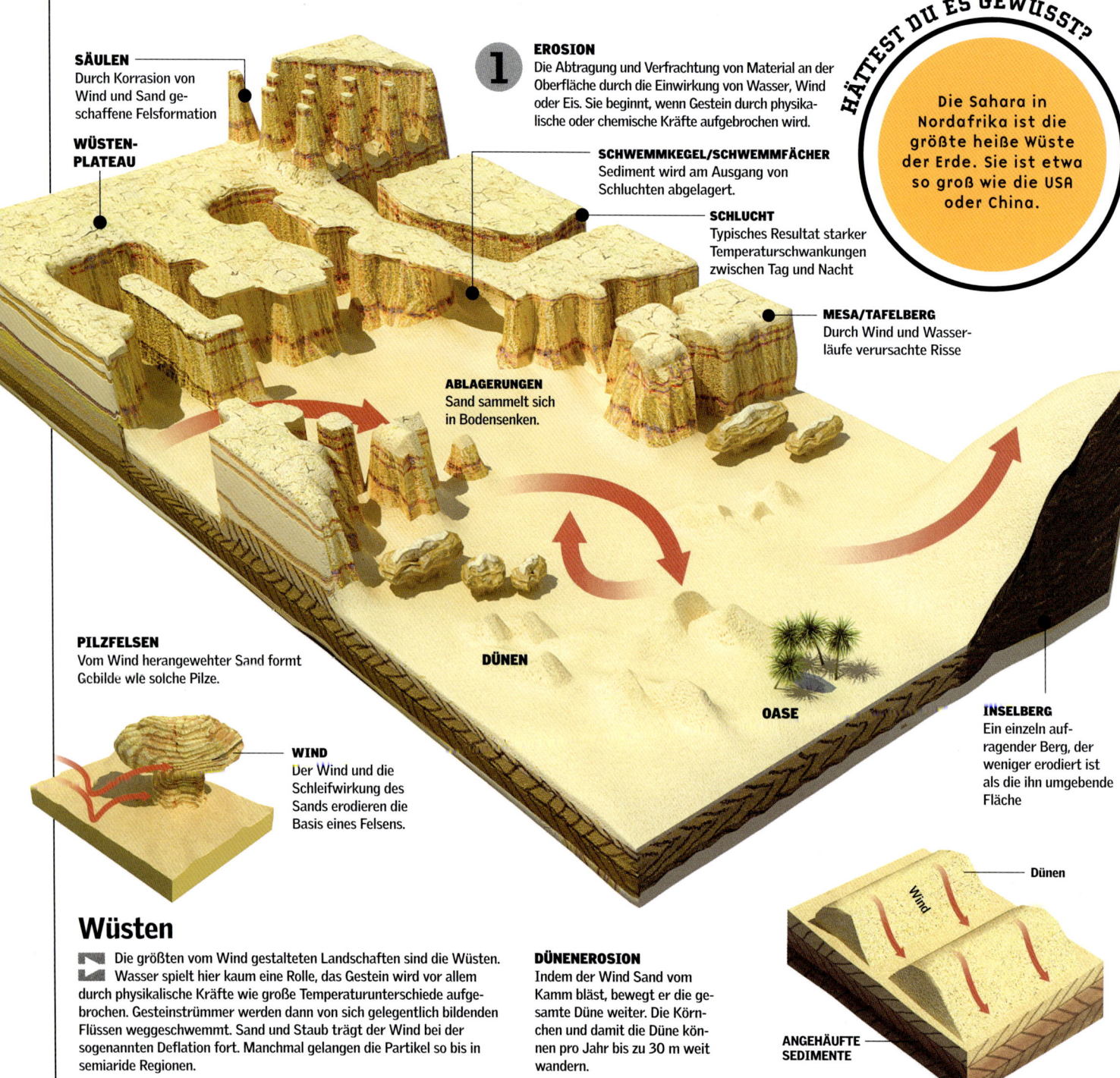

SÄULEN
Durch Korrasion von Wind und Sand geschaffene Felsformation

WÜSTEN-PLATEAU

1 EROSION
Die Abtragung und Verfrachtung von Material an der Oberfläche durch die Einwirkung von Wasser, Wind oder Eis. Sie beginnt, wenn Gestein durch physikalische oder chemische Kräfte aufgebrochen wird.

SCHWEMMKEGEL/SCHWEMMFÄCHER
Sediment wird am Ausgang von Schluchten abgelagert.

SCHLUCHT
Typisches Resultat starker Temperaturschwankungen zwischen Tag und Nacht

MESA/TAFELBERG
Durch Wind und Wasserläufe verursachte Risse

ABLAGERUNGEN
Sand sammelt sich in Bodensenken.

HÄTTEST DU ES GEWUSST?
Die Sahara in Nordafrika ist die größte heiße Wüste der Erde. Sie ist etwa so groß wie die USA oder China.

PILZFELSEN
Vom Wind herangewehter Sand formt Gebilde wie solche Pilze.

WIND
Der Wind und die Schleifwirkung des Sands erodieren die Basis eines Felsens.

DÜNEN

OASE

INSELBERG
Ein einzeln aufragender Berg, der weniger erodiert ist als die ihn umgebende Fläche

Dünen

Wind

Wüsten

Die größten vom Wind gestalteten Landschaften sind die Wüsten. Wasser spielt hier kaum eine Rolle, das Gestein wird vor allem durch physikalische Kräfte wie große Temperaturunterschiede aufgebrochen. Gesteinstrümmer werden dann von sich gelegentlich bildenden Flüssen weggeschwemmt. Sand und Staub trägt der Wind bei der sogenannten Deflation fort. Manchmal gelangen die Partikel so bis in semiaride Regionen.

DÜNENEROSION
Indem der Wind Sand vom Kamm bläst, bewegt er die gesamte Düne weiter. Die Körnchen und damit die Düne können pro Jahr bis zu 30 m weit wandern.

ANGEHÄUFTE SEDIMENTE

TRANSPORT VON SEDIMENTEN

WÜSTE
KLEINE KÖRNER
In der Wüste bewegt der
Wind Partikel überwiegend
durch Verwehen, aber auch
als Schwebeteilchen (sehr
kleine Körnchen und Staub)
oder indem er sie über die
Oberfläche schiebt.

SAND

WIND

7,5 cm

GLETSCHER
FEIN UND GROB
Gletscher transportieren Gesteins-
fragmente, die sie zu Moränen
zusammenschieben. Der sogenannte Geschiebemergel wird
zusammen mit Felsbrocken vom
Gletscher mitgeschleift.

EIS

50 m

GESCHIEBE-
MERGEL

KAR
Am oberen Talende ero-
dieren die Gebirgs-
wände in Form eines
Halbkreises.

2 TRANSPORT
Nach der Erosion werden die Bruchstücke
in einen Bereich verfrachtet, wo sie abgelagert werden. In der Wüste transportiert
der Wind Sandkörner und formt daraus
Dünen. Bei Gletschern bildet der Schutt
frontale und seitliche Moränen.

HÄNGE
Von den Hängen fallen Felsbrocken auf den Gletscher.
Sie werden weggetragen und
in der Moräne abgelagert.

MITTELMORÄNE
Sie entsteht, wenn zwei Glet-
schereisströme zusammenfließen und eine Eismasse bilden.

SPALTEN

TRANSPORTIERTES
GESTEIN
wird in den Moränen abgelagert.

SEITENMORÄNEN
bilden sich aus Bruchstücken,
die sich an den Seiten des
Gletschers ansammeln.

FINDLINGE
sind große Felsbrocken,
die der Gletscher trans-
portiert und ablagert.

U-TÄLER
Gletscher
graben
u-förmige
Trogtäler, weil
die Erosion am
Talgrund am
größten ist.

GLETSCHER
Eismasse, die sich
über das Gelände
nach unten bewegt

FEINES SEDIMENT
wird unter dem Glet-
scher und am vorde-
ren Ende abgelagert.
Man bezeichnet es als
Geschiebemergel.

GLETSCHER

EIS

Gletscher
Riesige Eismassen bilden sich auf dem Untergrund und bewegen sich durch
die Schwerkraft abwärts. Bei ihrem Vorrücken nehmen sie auf dem Weg
liegendes Gestein mit. Am Kopfende des Gletschers erodieren die Gebirgswände
halbkreisförmig und bilden ein sogenanntes Kar. Die fortschreitende simultane
Erosion der Wände schafft eine pyramidenförmige Bergspitze, ein sogenanntes
Horn. Die von Gletschern gegrabenen Täler sind u-förmig, im Gegensatz zu den
v-förmigen Tälern, die durch Flüsse geschaffen werden.

ENDMORÄNE
Das Gestein, das auf den
Gletscher fällt, während er
vorrückt, sammelt sich zusammen mit dem schon
mitgeführten Material am
unteren Ende des Glet-
schers (Zunge) in einer
Endmoräne.

ANGEHÄUFTE
SEDIMENTE

TRANSPORT VON SEDIMENTEN

FLUSS
GROSSE ENTFERNUNGEN
Ein Fluss kann Sedimente über große Entfernungen transportieren. Flüsse entspringen in höher gelegenen Regionen und fließen dann ins Flachland und ins Meer. Bei hoher Fließgeschwindigkeit können große Felsbrocken bewegt werden, bei schwacher Strömung nur kleinere Steine.

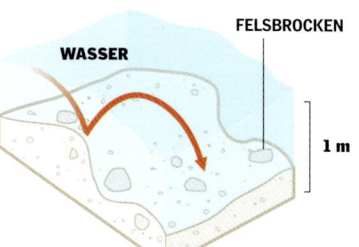

WASSER · FELSBROCKEN · 1 m

KÜSTE
LOKALE ABLAGERUNGEN
Nachdem sich eine Welle gebrochen hat, fließt der Rückstrom (Sog) in Richtung Meer zurück und häuft Sand an, der von den Wellen der Küstenströmung seitlich versetzt wird. Auch Flüsse transportieren Sand, den sie mit anderen Sedimenten in ihrem Delta ablagern.

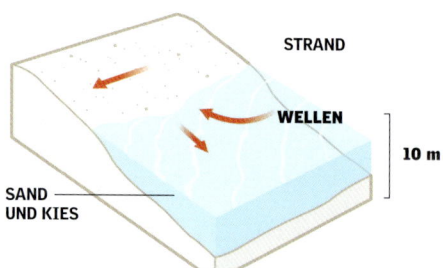

STRAND · WELLEN · 10 m · SAND UND KIES

WASSERFALL
Weicheres Gestein erodiert und bildet eine Auskolkung, deren Felsüberhang irgendwann einstürzt.

3 SEDIMENTATION
Sobald die das Sediment transportierenden Strömungen an Energie verlieren, wird das mitgeführte Sediment abgelagert und über große Bereiche verteilt.

HANG
Flusstäler haben steile Hänge, wenn sie aus harten Gesteinslagen bestehen.

STROMSCHNELLEN
In diesen Flussabschnitten wird durch die Erosion sehr viel Material abtransportiert.

FELSWAND
Resultat einer seitlichen Unterhöhlung

FLUSSWINDUNGEN
An der Innenseite der Kurve wird das meiste Sediment abgelagert.

ENTSTEHUNG VON KERBTÄLERN
Anders als die u-förmigen Gletschertäler sind von Flüssen grabene Täler v-förmig eingekerbt.

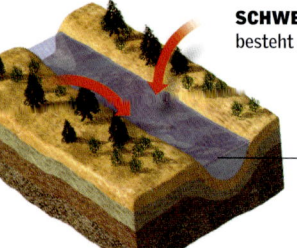

SCHWEMMLAND
besteht aus Sedimenten.

FLUSS
Nahe der Quelle ist die Strömung eines Flusses sehr stark. Durch Erosion gräbt sie das Flussbett aus und schafft v-förmige Täler.

SEDIMENT-ABLAGERUNGEN

ANFANGSPHASE

Flüsse

Das Quellgebiet von Flüssen ist meist hoch gelegen und steil. Das Wasser strömt mit viel Energie ins Tal und kann deshalb auch große Felsbrocken transportieren. In flacheren Bereichen fließt ein Fluss ruhiger über Sedimente dahin, bildet Windungen und erodiert die Ufer. An der Küste lagern Flüsse ihre Sedimente dann ab und bilden Ästuare oder Deltas.

DELTABILDUNG
Die an der Flussmündung abgelagerten Sedimente bilden ein Delta, in dem der Fluss dann vielfach verzweigt durch die angehäuften Sandbänke fließt.

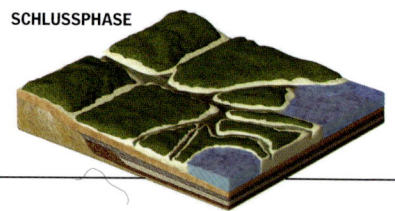

SCHLUSSPHASE

ZEMENTATIONSPROZESS

Dies ist der wichtigste Vorgang bei der Umwandlung von Sediment in Gestein. Zur Zementation kommt es, wenn sich Partikel mit Stoffen verbinden, die aus Wasser ausgefällt werden. Sedimentgesteine bilden sich durch die Vereinigung verschiedener in Wasser gelöster Minerale. Wenn das Wasser abkühlt oder verdampft, können sich die gelösten Minerale absondern und mit anderen Sedimenten zu festen Ablagerungen verbinden oder selbst Sedimente bilden. Salze und Sandstein sind Beispiele für die Zementation von Gesteinen.

MINERALABLAGERUNG

SORTIERUNG/
TRENNUNG
NACH
GEWICHT

KÜSTENEBENE

Erhöhte Ebene
landeinwärts hinter einem Strand

4 **KOMPAKTION**
Die neu dazukommenden Sedimentablagerungen verdichten mit ihrem Gewicht die unteren Lagen. Es kommt zu Diagenese und Lithifikation, den Prozessen, die neues Gestein bilden.

ABRASIONSPLATTFORM
Durch das zurückversetzte Kliff geschaffene Fläche

HÖHLE
Durch die Brandung bilden sich im Gestein Höhlen.

FESTES
GESTEIN

KLIFF
Es bildet sich durch die Erosionswirkung der Wellen an der Basis eines Küstenbereichs.

ÄSTUAR

Dem Wechsel der Gezeiten ausgesetzte Flussmündung, in der sich Sediment absetzen kann

SEDIMENTABLAGERUNG
Anhäufung von durch Küstenströmung verlagerten Sedimenten

KONTINENTALSCHELF
Auch auf diesem vom Meer bedeckten flachen Bereich des Kontinents, dem „Schelfmeer", lagern sich Sedimente ab.

SUBMARINE HÄNGE

Entlang der Küste ist die durch Wellen verursachte Erosion gut zu erkennen. Die Abrasion durch die Brandung trägt die Basis des Küstengeländes ab und schafft so Kliffe. Mit fortschreitender Erosion ragen die höheren Gesteinsschichten immer weiter über, bis sie einstürzen. Das Kliff zieht sich immer weiter zurück. Davor entsteht ein flacher Strandabschnitt, die Abrasionsplattform.

Küsten

Durch den Vorgang der Strandversetzung sind Meeresküsten die sich am stärksten verändernden Landschaften der Erde. Wind, Regen und Wellen erodieren und modellieren die Küstenlinie. Die Wellen spülen Sedimente an, schaffen so Strände und schwemmen sie wieder weg. Durch Wellen werden Kliffe und Höhlen geformt und irgendwann zum Einsturz gebracht. Deren Überreste liefern zusammen mit den von Flüssen herbeigeschafften Sedimenten das Material zur Entstehung neuer Strände.

ENTSTEHUNG VON STRÄNDEN

Strände bilden sich durch die Ablagerungen, die Wellen in ruhigeren Küstenbereichen mit der Zeit hinterlassen. Sie bestehen aus feinem Sediment wie Schlamm und Sand oder grobem Kies.

WELLEN

ANGEHÄUFTE
SEDIMENTE

Metamorphe Prozesse

Gesteine können unter bestimmten Bedingungen, wie hoher Druck und Temperatur oder Kontakt mit gelösten Chemikalien, bemerkenswerte Veränderungen in ihrer mineralischen Zusammensetzung und ihrer Struktur durchmachen. Diese Metamorphose – ein sehr langsamer Prozess – ist eine echte Veränderung des Gesteins. Das Phänomen findet in der Erdkruste, aber auch an ihrer Oberfläche statt. Die Art der Metamorphose hängt davon ab, ob dieser Vorgang durch Hitze oder Druck ausgelöst wird.

SCHOTTLAND, VEREINIGTES KÖNIGREICH
Breite 57° N
Länge 4° W

Schottland wurde vor 400 Mio. Jahren bei der Kaledonischen Orogenese aufgefaltet. Der enorme Druck produzierte den hier abgebildeten Gneis.

HÄTTEST DU ES GEWUSST?

Gneis ist ein Gestein, das aus verschiedenen Mineralschichten besteht. Darum sehen seine Bruchkanten oft gestreift aus.

Dynamometamorphose

Diese eher seltene Form der Metamorphose vollzieht sich, wenn bei intensiven Bewegungen der Erdkruste entlang von Störungssystemen Gesteine zusammengepresst werden. Große Gesteinsmassen schieben sich übereinander. Wo sie in Kontakt kommen, entstehen neue Metamorphite, die sogenannten Kataklasite und Mylonite.

2

Glimmerschiefer

SCHIEFER
Bei Einwirkung von hoher Temperatur und Druck verwandelt sich Schiefer in Phyllit.

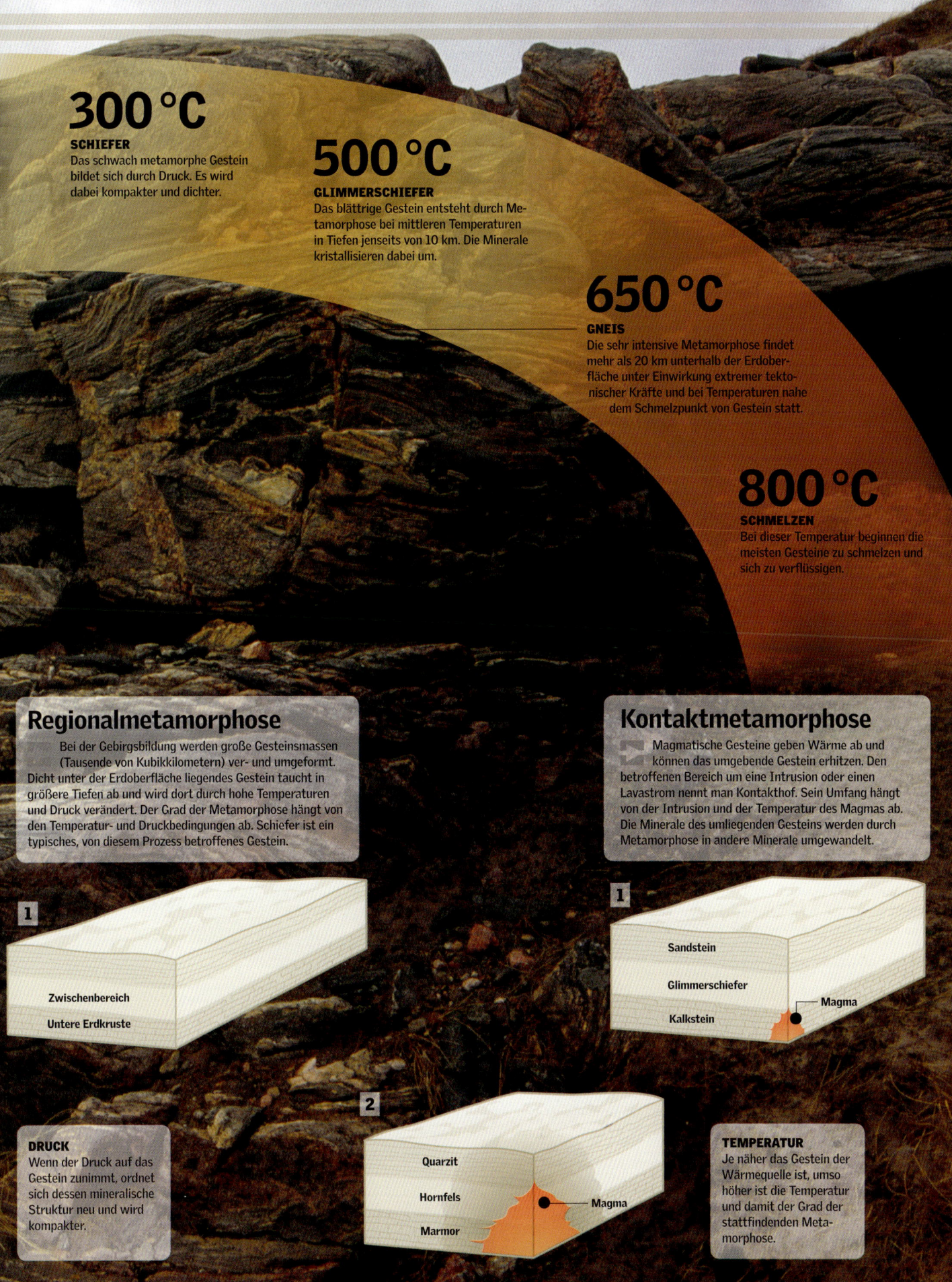

300 °C

SCHIEFER

Das schwach metamorphe Gestein bildet sich durch Druck. Es wird dabei kompakter und dichter.

500 °C

GLIMMERSCHIEFER

Das blättrige Gestein entsteht durch Metamorphose bei mittleren Temperaturen in Tiefen jenseits von 10 km. Die Minerale kristallisieren dabei um.

650 °C

GNEIS

Die sehr intensive Metamorphose findet mehr als 20 km unterhalb der Erdoberfläche unter Einwirkung extremer tektonischer Kräfte und bei Temperaturen nahe dem Schmelzpunkt von Gestein statt.

800 °C

SCHMELZEN

Bei dieser Temperatur beginnen die meisten Gesteine zu schmelzen und sich zu verflüssigen.

Regionalmetamorphose

Bei der Gebirgsbildung werden große Gesteinsmassen (Tausende von Kubikkilometern) ver- und umgeformt. Dicht unter der Erdoberfläche liegendes Gestein taucht in größere Tiefen ab und wird dort durch hohe Temperaturen und Druck verändert. Der Grad der Metamorphose hängt von den Temperatur- und Druckbedingungen ab. Schiefer ist ein typisches, von diesem Prozess betroffenes Gestein.

Kontaktmetamorphose

Magmatische Gesteine geben Wärme ab und können das umgebende Gestein erhitzen. Den betroffenen Bereich um eine Intrusion oder einen Lavastrom nennt man Kontakthof. Sein Umfang hängt von der Intrusion und der Temperatur des Magmas ab. Die Minerale des umliegenden Gesteins werden durch Metamorphose in andere Minerale umgewandelt.

1

Zwischenbereich

Untere Erdkruste

1

Sandstein

Glimmerschiefer

Kalkstein — Magma

2

Quarzit

Hornfels

Marmor — Magma

DRUCK

Wenn der Druck auf das Gestein zunimmt, ordnet sich dessen mineralische Struktur neu und wird kompakter.

TEMPERATUR

Je näher das Gestein der Wärmequelle ist, umso höher ist die Temperatur und damit der Grad der stattfindenden Metamorphose.

Die Basis des Lebens

Organismen werden geboren, vermehren sich und sterben irgendwann, Feldfrüchte werden angebaut, und Vieh wird aufgezogen. All das passiert auf einer natürlichen Bodenschicht, die zudem noch Baumaterial liefert. Sie ist das Bindeglied zwischen dem Leben auf der Erde und dem mineralischen Teil des Planeten. Klima und biologische Faktoren bewirken die Bildung von Erde überall dort, wo Gesteine aufgebrochen werden.

HÄTTEST DU ES GEWUSST?
Bis sich aus einer 2,5 cm dicken Schicht fruchtbarer Erde Gestein bildet, dauert es je nach Klima und Gesteinsart 200 bis 1000 Jahre.

Bodenarten

Im Boden findet man Materialien des Grundgesteins, die durch Luft, Wasser, lebende Organismen und zersetztes organisches Material verändert wurden. Die vielfältigen physikalischen und chemischen Vorgänge produzieren unterschiedliche Bodenarten, welche unterschiedlich reich an beispielsweise Humus und Ton sind. Die Grundstruktur des Bodens hängt dabei weitgehend von der Art des Grundgesteins ab, aus dem er sich bildet.

RANKER
Diese Bodenart bildet sich bevorzugt im Hochgebirge auf wenig verändertem Grundgestein wie Granit oder anderen sauren Gesteinen.

 **0,2 %** der Landoberfläche der Erde

PERMAFROST
In subpolaren Regionen (Tundren und Taigen) ist der wasserreiche Boden dauerhaft gefroren. Beim oberflächlichen Auftauen bilden sich große Schlammflächen, weshalb nur wenige Tiere dort leben können.

20 % der Landoberfläche der Erde

WÜSTE
Die ariden Böden enthalten kaum Humus und liegen direkt auf Mineralablagerungen und Gesteinsfragmenten auf.

 **14 %** der Landoberfläche der Erde

LATERIT
Für die Tropen – mit üppigen Regenfällen und hoher Feuchtigkeit – typischer Boden mit guten Dränageeigenschaften. Durch den Regen reichern sich Oxide und Hydroxide wie Aluminium, Eisen, Mangan, Nickel und andere Minerale im Boden an. Er enthält 70 % der weltweiten Eisenvorkommen.

 **10 %** der Landoberfläche der Erde

SO BILDET SICH BODEN
Große Teile der Erdkruste sind mit einer Schicht aus Sediment und sich zersetzender organischer Materie überzogen. Diese Boden genannte Schicht bedeckt alles, mit Ausnahme sehr steiler Abhänge. Boden entsteht aus sich zersetzenden Überresten von Pflanzen und Tieren. Und er ist ein lebendes, sich veränderndes System, in dessen winzigen, mit Luft und Wasser gefüllten Hohlräumen Tausende von Bakterien, Algen und Pilzen leben. Diese Mikroorganismen beschleunigen den Zersetzungsprozess und machen den Boden zu einem günstigen Habitat für Pflanzenwurzeln, kleine Tiere und Insekten.

1 Gletscher transportiert Sedimente.
2 Nackter Fels und Geröll bleiben zurück.
3 Moos und Halbsträucher wachsen.
4 Kleine Bäume können Wurzeln schlagen.
5 Überreste toter Pflanzen und Tiere reichern den Boden an.

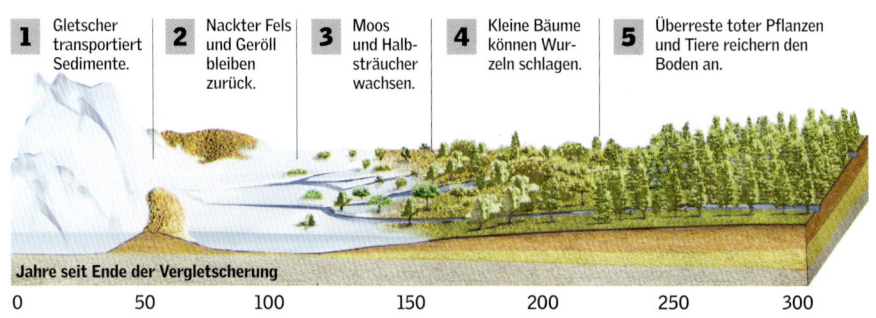

Jahre seit Ende der Vergletscherung
0 50 100 150 200 250 300

Unterschiedliche Eigenschaften

Bei der Untersuchung des Bodens kann man verschiedene Schichten, die Horizonte, unterscheiden. Jeder dieser Horizonte hat seine besonderen Eigenschaften. Die Schicht an der Oberfläche ist reich an organischer Materie. Im Unterboden sammeln sich Nährstoffe, die von Wurzeln aufgenommen werden. Noch tiefer im Boden stößt man auf eine Schicht aus Gestein und Kies.

0

OBERBODEN
Diese Schicht ist dunkel und nährstoffreich. Sie enthält ein Geflecht aus Pflanzenwurzeln und Humus, der sich aus den Überresten von Pflanzen und Tieren bildet.

1 m

UNTERBODEN
Er enthält vor allem Mineralpartikel, die durch Verwitterung aus dem Grundgestein gelöst werden.

2 m

3 m

GRUNDGESTEIN
Permanenter Aufschluss und Erosion des anstehenden Gesteins erhöhen die Stärke der Bodenschicht. Die Bodenstruktur hängt stark von dem Gesteinstyp ab, auf dem sie sich bildet.

Lebende Organismen im Boden

Im Boden leben zahllose Bakterien und Pilze. Ihre Biomasse übersteigt meist die der auf der Oberfläche lebenden Tiere. Auch Algen (in der Regel Kieselalgen) leben dicht an der Oberfläche, wo es das meiste Licht gibt. Dort findet man unter anderem auch Milben, Springschwänze, Schildläuse, Larven und Regenwürmer. Würmer bauen Gänge, die den Pflanzen das Wurzelwachstum erleichtern. Ihre Ausscheidungen enthalten Wasser und Nährstoffe.

REGENWÜRMER
Man braucht etwa 6000 Regenwürmer, um 1350 kg Humus zu produzieren.

HUMUS
Diese aus organischem Material bestehende Substanz findet sich normalerweise in den oberen Bodenschichten. Sie wird von Mikroorganismen produziert, die vor allem herabgefallene Äste und Tierkot zersetzen. Die dunkle Farbe dieser sehr fruchtbaren Bodenschicht rührt von ihrem hohen Kohlenstoffgehalt her.

Kreislauf der Gesteine

Manche Gesteine durchlaufen bei der Bodenbildung den Gesteinskreislauf. Durch Einwirkung der Erosionskräfte erhalten Gesteine der Erdkruste ihre typische Form. Diese Form ist teils durch die Zusammensetzung des Gesteins, teils durch Erosionseffekte (meteorologische und biologische) bedingt, die das Gesteinsmaterial aufbrechen und zerkleinern.

Asche- und Staubwolken gelangen in die Atmosphäre.

Asche und anderes pyroklastisches Material lagern sich in Schichten ab.

Ein Vulkan stößt Lava und pyroklastisches Material aus.

Erstarrungsgestein kühlt ab und erodiert.

EROSION

Sedimente und Metamorphite erodieren und bilden neue Schichten.

Die Schichten werden komprimiert und verhärten.

ERSTARRUNGS-GESTEIN
Abgekühlte Lava bildet Extrusivgestein.

Magma steigt an die Oberfläche und tritt als Lava aus dem Vulkan aus.

SEDIMENTGESTEIN

Beim Abkühlen und Erstarren von Magma unter der Erdoberfläche bilden sich Plutonite.

Durch Hitze und Druck kann das Gestein, ohne zu schmelzen, umkristallisieren und zu einer anderen Gesteinsart werden.

METAMORPHES GESTEIN
Das Gestein schmilzt und wird zu Magma.

Bei entsprechend hoher Temperatur wird das Gestein wieder zu Magma.

ERSTARRUNGSGESTEIN

Ein Leben in Stille

Das Reich der Pflanzen umfasst mit mehr als 300 000 Arten eine Fülle unterschiedlicher Lebensformen. Eines ihrer hervorstechendsten Merkmale ist der Besitz von Chloroplasten. Sie enthalten Chlorophyll, ein Pigment, mit dessen Hilfe Pflanzen Sonnenenergie in chemische Energie umwandeln können. Diese nutzen sie für die Nahrungsproduktion. Pflanzen müssen sich an ein Substrat (normalerweise der Erdboden) anheften, aus dem sie Wasser und Nährstoffe beziehen; dadurch sind sie jedoch unfähig, sich von Ort zu Ort zu bewegen. Algen und Pilze wurden früher dem Pflanzenreich zugerechnet, gelten heute jedoch als eigenständige Reiche: „Protisten" und „Fungi".

MOOS
Sphagnum spec.

Algen

werden gemeinhin als Wasserpflanzen angesehen, aber das stimmt so nicht, denn sie besitzen weder Wurzeln noch Sprossachsen. Da sie im Wasser leben (Salz- oder Süßwasser), benötigen sie kein Substrat. Manche Arten sind mikroskopisch klein, andere bilden riesige Formationen im Meer. Algen werden nach ihrer Farbe und ihren Pigmenten in Klassen eingeteilt. Grünalgen besitzen wie die Pflanzen Chloroplasten und speichern Stärkekörner im Zytoplasma als Energiereserve.

ROTALGEN
Rhodomela spec.

Moose

Dazu gehören Laub-, Horn- und Lebermoose. Moose haben keine Wurzeln, sondern Rhizoide. Obwohl sie mit ihrer gesamten Oberfläche Wasser aufnehmen können, sind sie nicht dafür ausgestattet, lange Dürrezeiten zu überstehen. Während einer Trockenperiode gehen Moose in einen Ruhezustand über. Da sie kein Adersystem besitzen, um Nährstoffe zu verteilen, können sie nicht viel länger als 1 cm werden. Für die Fortpflanzung sind sie auf die Nähe von Wasser angewiesen.

Pflanzen

Das Pflanzenreich (Planta) besteht aus Organismen, zu deren charakteristischen Merkmalen der Besitz von Chlorophyll zählt. Mithilfe dieses Pigments können sie Sonnenenergie in chemische Energie umwandeln, die sie für die Synthese von Kohlenhydraten aus Wasser und Kohlendioxid benötigen. Diese Fähigkeit nennt man „Autotrophie". Alle Pflanzen, ob groß oder klein, spielen eine wichtige Rolle als Nahrungslieferanten für andere Lebewesen. Pflanzen sind ortsgebunden, aber ihre Gameten, Sporen (Zellen, die zur ungeschlechtlichen Vermehrung und Verbreitung dienen) und Samen können sich fortbewegen, vor allem mithilfe von Wasser oder Wind.

Grünalgen

Moose

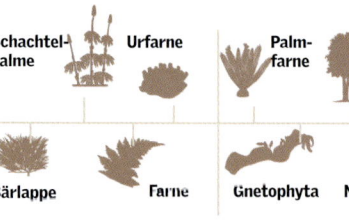

Schachtelhalme **Urfarne**

Bärlappe **Farne**

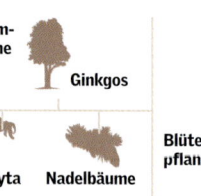

Palmfarne

Ginkgos

Gnetophyta **Nadelbäume**

Blütenpflanzen

	OHNE SAMEN		MIT SAMEN
OHNE LEITUNGS-BAHNEN	MIT LEITUNGSBAHNEN		
PFLANZEN			

FARN
Osmunda spec.

Ohne Samen

Farne sind heutzutage die häufigsten samenlosen Pflanzen. Vermutlich entstanden viele Arten bereits im Devon und erreichten ihre Hauptblütezeit im Karbon. Ihre Gewebe sind einfacher gestaltet als die der Samenpflanzen; ihre grünen Stängel bilden eine große Oberfläche aus, die der Fotosynthese dient. Farne benötigen Wasser, um sich mithilfe von Sporen fortzupflanzen. Diese Sporen werden in Sporenbehältern, den sogenannten Sporangien, gebildet, die an besonderen, als Sporophylle bezeichneten Blättern wachsen.

FARNE
bilden die vielfältigste Gruppe innerhalb der Gefäßpflanzen. Ihre Ursprünge reichen bis ins Devon zurück.

MOOSFARNE
haben schuppenartige Blätter, von denen manche zu einem Stachel zusammengefasst sind.

URFARNE
sind sehr einfach gebaute Pflanzen: Wurzeln und echte Blätter fehlen, allerdings besitzen sie einen Stängel mit Leitungsbahnen.

SCHACHTELHALME
haben wurzelartige Rhizome, mehrgliedrige Sprosse und echte Blätter. Diese sind meist klein und sitzen in Wirteln am Stängel.

NADELBÄUME

oder Koniferen sind die formen-reichste Artengruppe der Samenpflanzen. Ihre Samen-anlagen entwickeln sich in „Zapfen". Die meisten Nadel-hölzer sind immergrün.

PALMFARNE

sind tropische, palmenartige Pflanzen. Ihre Vermehrung erfolgt ähnlich wie bei den Kiefern, allerdings sind sie diözisch, das heißt, jede Pflanze trägt nur Blüten eines Geschlechts.

GINKGOS

In dieser Gruppe gibt es nur noch eine Spezies, die somit die älteste unter allen rezenten Baumarten darstellt.

GNETOPHYTA

Diese zu den Nackt-samern zählenden Pflanzen haben ein Gefäßsystem, das dem der Bedeckt-samer ähnelt.

Gymnospermae

Das griechische Wort bedeutet „Nackt-samer". Bei diesen Gefäßpflanzen sind die Samen-anlagen nicht in einem Fruchtknoten eingeschlossen, sondern liegen frei. Ursprünglich waren Ginkgos (Ginkgophyta) und Palmfarne (Cycadophyta) die artenreichsten Gruppen, heute sind es die Nadelhölzer (Coniferopsida), zu denen beispielsweise Kiefern, Lärchen, Zypressen und Tannen gehören. Koniferen sind monözisch, das heißt, dieselbe Pflanze trägt sowohl männliche als auch weibliche Blüten. Ihre Samen sitzen zwischen den Schuppen der als Zapfen bezeichneten Blütenstände.

SITKA-FICHTE
Picea sitchensis

Pilze

gehören nicht zu den Pflanzen, sondern bilden ein selbstständiges Reich. Sie unterscheiden sich vor allem dadurch, dass sie keine Fotosynthese betreiben und Energie in Form von Glykogen und nicht als Stärke speichern. Pilze sind heterotroph (sie beziehen ihre Nahrung von anderen Organismen) und nehmen Nährstoffe durch Absorption auf. Sie können entweder parasitisch leben oder sich von totem organischem Material ernähren. Manche Spezies sind mikroskopisch klein, andere groß und auffallend. Ihr Körper besteht aus einem Myzel, das sich aus fadenförmigen, Hyphen genannten Zellen zusammensetzt. Manche Pilze bilden Fruchtkörper aus.

ZWEISPORIGER EGERLING
Agaricus bisporus

WEIZEN
Triticum spec.

ORCHIDEE
Cattleya trianae

ORCHIDEEN

haben viele Blütenblätter, wobei die genaue Anzahl immer ein Vielfaches von drei bildet. Sie gehören zusammen mit den Süßgräsern zur Gruppe der Einkeimblättrigen (Monokotyledonen).

Angiospermen

Die Bedecktsamer besitzen Samen, Blüten und Früchte. Zu ihnen gehören mehr als 250 000 Spezies, die mit Ausnahme der Antarktis jeden Lebensraum erobert haben. Sie vermehren sich geschlechtlich durch Blüten, die sich später in Samen tragende Früchte umwandeln. Angiospermen haben ein effizientes Gefäßsystem, mit dem sie Wasser (über das Xylem) und Nährstoffe (über das Phloem) transportieren. Sie bilden innerhalb des Pflanzenreichs eine eigene Klasse, zu der Pflanzen mit auffälligen Blüten, Getreidearten wie Reis oder Weizen, andere Feldfrüchte wie Baumwolle, Tabak und Kaffee sowie Laubbäume wie Eiche, Kirsche und Kastanie gehören.

GETREIDE

gehört zu den Monokotyledonen. Die Samen weisen nur ein Keimblatt (Kotyledone) auf, die voll entwickelten Blätter haben parallele Adern.

Wasserpflanzen

Wasserpflanzen sind speziell an das Leben in Teichen, Seen, Bächen und Flüssen angepasst, wo andere Pflanzen nicht wachsen können. Obwohl sie zu vielen verschiedenen Familien gehören, zeigen sie ähnliche Anpassungen und sind daher ein gutes Beispiel für adaptive Konvergenz. Es gibt Pflanzen, die unter Wasser leben, und solche, die schwimmen. Schwimmfähige Pflanzen haben Blätter über und unter der Wasseroberfläche, während bei heliophilen Arten nur die Wurzeln unter Wasser sind.

Eine lebenswichtige Rolle

Wasserpflanzen spielen als Nahrungsquelle und Unterschlupf eine wichtige Rolle im Ökosystem, und zwar nicht nur für Krebse, Insekten und Würmer, sondern auch für Fische, Vögel und Säugetiere. Außerdem tragen sie erheblich dazu bei, Sonnenenergie in organisches Material umzuwandeln, von dem viele Organismen abhängig sind.

Wasserpflanzen mit Wurzeln

Diese Arten findet man häufig in stehenden oder langsam fließenden Gewässern. Sie sind mittels Rhizomen am Boden befestigt und haben gestielte Blätter (Blätter, die mit einem Stiel am Spross ansetzen), die an der Wasseroberfläche schwimmen. Bei manchen Arten sind die Blätter vollständig unter Wasser, bei anderen treiben sie auf der Oberfläche, bei wieder anderen ragen sie aus dem Wasser heraus. Im Fall der Schwimmblätter ist die Oberseite anders beschaffen als die Unterseite, die mit dem Wasser in Kontakt steht.

BRASILIANISCHES TAUSENDBLATT
Myriophyllum aquaticum
Diese Pflanze kommt in tropischen und subtropischen Regionen vor und ist sehr effizient darin, Wasser mit Sauerstoff anzureichern.

SANTA-CRUZ-RIESENSEEROSE
Victoria cruziana
Die Art bevorzugt tiefe, ruhige Gewässer. Die Blätter können einen Durchmesser von 2 m erreichen.

SCHWIMMBLÄTTER
Die Rhizome verankern die Pflanze. Die Blätter sitzen an langen Stielen, und die Blattflächen schwimmen auf dem Wasser.

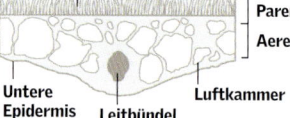

Obere Epidermis
Parenchym
Aerenchym
Untere Epidermis
Leitbündel
Luftkammer

EUROPÄISCHE SEEKANNE
Nymphoides peltata
Den ganzen Sommer über bringt die Pflanze kleine, faltige gelbe Blüten hervor.

Unter Wasser lebende Pflanzen mit Wurzeln

Die gesamte Pflanze lebt unter Wasser. Das zierliche Wurzelsystem dient nur zur Verankerung, während die Aufnahme von Wasser, Kohlendioxid und Mineralien über den Stängel erfolgt, der kein spezielles Stützgewebe besitzt, da das Wasser diese Funktion übernimmt. Man findet diese Arten meist in Fließgewässern.

DICHTBLÄTTRIGES LAICHKRAUT
Groenlandia densa
Es findet sich in flachen Mulden klarer Fließgewässer.

HORNBLATT
Ceratophyllum spec.
Die Pflanze besitzt eine Vielzahl winziger Blättchen, die an jedem Stängel eine zapfenförmige Struktur bilden.

Als Produkt der Fotosynthese setzen die Pflanzen Sauerstoff frei.

Aquatisch, aber modern

Die Evolutionsgeschichte der Pflanzen begann in wässrigem Milieu. Erst später eroberten sie das Land mithilfe verschiedener Strukturen wie Wurzeln. Dennoch sind heutige Wasserpflanzen keine ursprüngliche Gruppe, sondern Landpflanzen, die wieder ins Wasser zurückgekehrt sind und hoch spezialisierte Gewebe und Organe entwickelt haben, wie etwa Luftkammern, die es ihnen ermöglichen, auf dem Wasser zu treiben.

Aerenchym

Dieses Gewebe findet man vor allem in Wasserorganismen. Es zeichnet sich durch große Interzellularräume aus, die den Austausch von Gasen ermöglichen.

Aerenchym
Epidermis
Luftkammer

Unter Wasser benötigen Sprossachsen kein Stützsystem, da das Wasser diese Aufgabe übernimmt. Der begrenzende Faktor ist der Sauerstoff, der über das Aerenchym in der Pflanze verteilt wird.

Amphibische oder Sumpfpflanzen

Diese Arten leben an den Rändern von Teichen, Flüssen und Sümpfen; außerdem findet man sie in Salzmarschen, die regelmäßig von der Flut oder von Flüssen überschwemmt werden. Amphibische Pflanzen bilden einen Übergang zwischen Wasser- und Landpflanzen. Ihr begrenzender Faktor ist die Verfügbarkeit von Sauerstoff, daher besitzen sie ein gut entwickeltes Aerenchym.

LACHENALIE
Lachenalia viridiflora
Die attraktive Pflanze bringt eine große Anzahl von Blüten hervor.

Wasserpflanze mit besonders schönen Blüten.

Die unter Wasser wachsenden Wurzeln und Rhizome sind gut entwickelt.

Untergetaucht oder frei schwimmend

Manche Unterwasserpflanzen haben keine Wurzeln, dafür aber gut entwickelte Sprossachsen und unterteilte Blätter. Andere weisen eine Rosettenform auf und besitzen Schwimmblätter sowie voll ausgebildete Wurzeln mit einer Wurzelhaube, jedoch ohne absorbierende Haare. Die Wurzeln ermöglichen es der Pflanze, gut ausbalanciert im Wasser zu stehen.

VOGELKNÖTERICH
Polygonum spec.
Die Wasserpflanze wächst in Sümpfen und Mooren.

GEMEINER WASSERSCHLAUCH
Utricularia vulgaris
Diese fleischfressenden Pflanzen ergänzen ihre Nahrung durch kleine Wassertiere.

WASSERSCHRAUBE
Vallisneria spec.
Diese beliebte Aquarienpflanze produziert reichlich Sauerstoff; sie kommt frei lebend in Teichen vor.

300 ARTEN VON WASSER-PFLANZEN KENNT MAN HEUTZUTAGE.

ROHRKOLBEN
Typha spec.
wachsen auf feuchtem Boden, am Ufer von Seen und in Sumpfgebieten. Sie kommen sowohl in gemäßigten als auch in tropischen Regionen vor.

GEWÖHNLICHES PFEILKRAUT
Sagittaria sagittifolia
Im Sommer bildet es Blüten mit drei weißen Blütenblättern und rotvioletten Staubgefäßen aus.

Pneumatophoren

sind schwimmende Wurzeln (Atemwurzeln), die am Gasaustausch mitwirken. Sie nehmen Sauerstoff von der Wasseroberfläche auf, der dann über die Interzellularräume in die restlichen Gewebe der Pflanze transportiert wird. Manche Pflanzen weisen eine besondere Anpassung auf: Luftsäckchen, die Sauerstoff für Perioden speichern, in denen die Pflanze vollkommen untergetaucht ist.

Die Pflanzenteile, die sich unter Wasser befinden, haben eine durchlässige äußere Hülle, sodass sie Mineralien und Gase direkt aus dem Wasser aufnehmen können.

Landeroberung

Der Schritt der Pflanzen vom flachen Wasser auf das trockene Land ist mit einer Reihe evolutiver Ereignisse verbunden. Veränderungen in ihrer genetischen Ausstattung befähigten die Pflanzen, mit den neuen und teilweise extremen Bedingungen auf der Erdoberfläche zurechtzukommen. So sind sie auf dem Land dem Sonnenlicht direkt ausgesetzt, was die Transpiration verstärkt und den Wasserverlust erhöht. Dieses Problem musste gelöst werden, bevor sich Pflanzen an Land ausbreiten konnten.

Grundlegende Veränderungen

Zu den wichtigsten Anpassungen, um verschiedene Lebensräume an Land besiedeln zu können, zählen die Wurzeln. Mithilfe ihres Wurzelsystems verankern sich die Pflanzen im Boden; außerdem dient es als Leitungsbahn für Wasser und Mineralien. Ähnlich entscheidend war die Entwicklung einer Kutikula (äußere Schutzschicht), die die gesamte Oberfläche der Pflanze überzieht. Diese wasserundurchlässige Schicht wird von den Zellen der Epidermis gebildet. Sie schützt die Pflanze vor der Hitze der Sonnenstrahlen und vor Wasserverlust durch den Wind und ist von winzigen Poren durchzogen, über die der Gasaustausch stattfindet.

Grüne Revolution

Bei den Landpflanzen bilden die Blätter die wichtigsten Organe für die Fotosynthese. Nachdem die Pflanzen vor mehr als 440 Mio. Jahren das Land erobert hatten, nahm die Fotosyntheserate allmählich zu. Diese Erhöhung ist wahrscheinlich eine Ursache dafür, dass die Kohlendioxidkonzentration in der Atmosphäre und in der Folge auch die Durchschnittstemperatur der Erde abnahm.

50 000
SPEZIES VON PILZEN EXISTIEREN NEBEN DEN LANDPFLANZEN.

HÄTTEST DU ES GEWUSST?

Auf der Erde gibt es 422 000 bekannte Pflanzenarten, aber wahrscheinlich sind viele weitere noch unentdeckt.

ECHTER WURMFARN
Dryopteris filix-mas
Diese Gefäßpflanzen benötigen Wasser für die Vermehrung.

MOOS
Sphagnum spec.
Moose zählen zu den am einfachsten gebauten Landpflanzen.

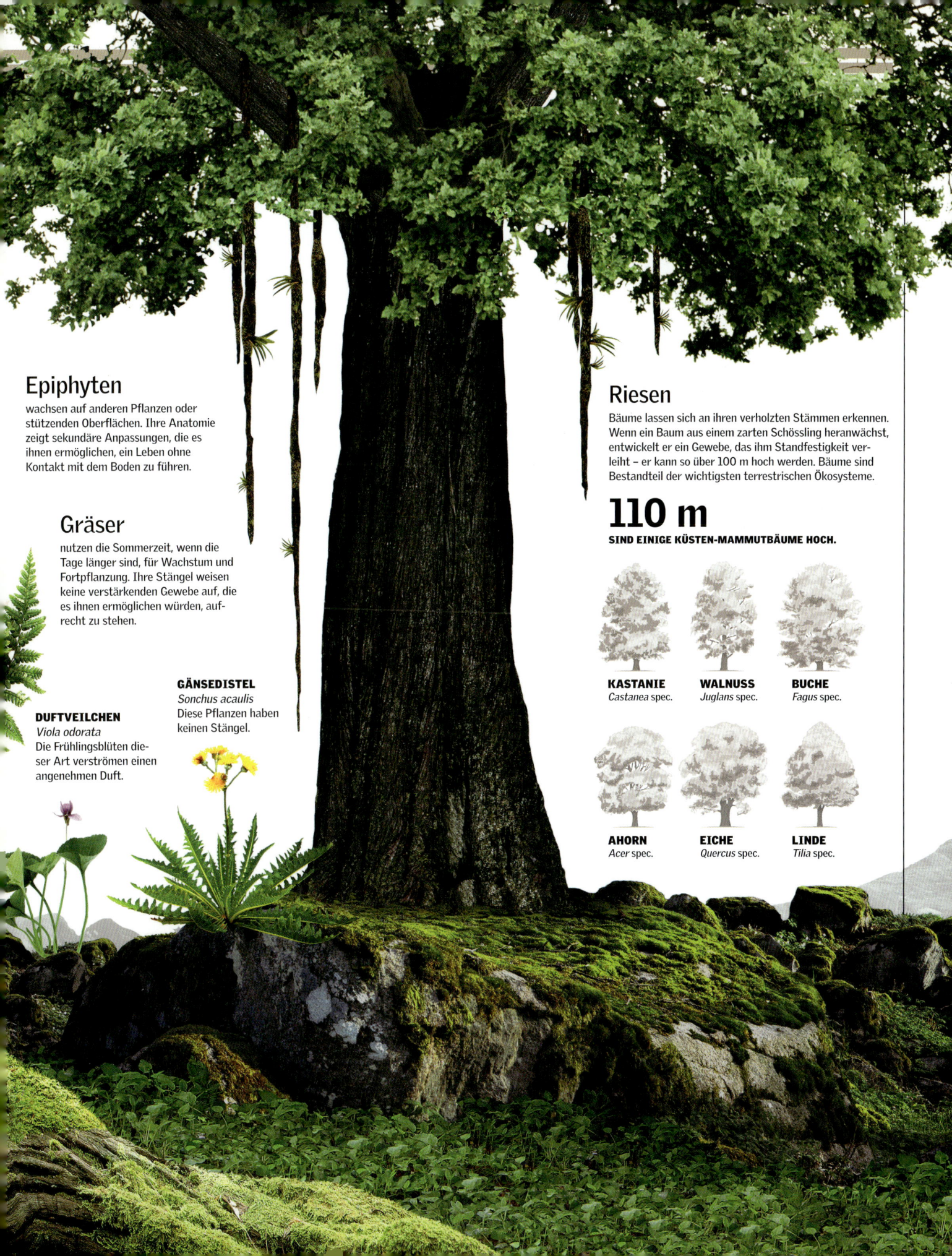

Epiphyten

wachsen auf anderen Pflanzen oder stützenden Oberflächen. Ihre Anatomie zeigt sekundäre Anpassungen, die es ihnen ermöglichen, ein Leben ohne Kontakt mit dem Boden zu führen.

Gräser

nutzen die Sommerzeit, wenn die Tage länger sind, für Wachstum und Fortpflanzung. Ihre Stängel weisen keine verstärkenden Gewebe auf, die es ihnen ermöglichen würden, aufrecht zu stehen.

DUFTVEILCHEN
Viola odorata
Die Frühlingsblüten dieser Art verströmen einen angenehmen Duft.

GÄNSEDISTEL
Sonchus acaulis
Diese Pflanzen haben keinen Stängel.

Riesen

Bäume lassen sich an ihren verholzten Stämmen erkennen. Wenn ein Baum aus einem zarten Schössling heranwächst, entwickelt er ein Gewebe, das ihm Standfestigkeit verleiht – er kann so über 100 m hoch werden. Bäume sind Bestandteil der wichtigsten terrestrischen Ökosysteme.

110 m
SIND EINIGE KÜSTEN-MAMMUTBÄUME HOCH.

KASTANIE
Castanea spec.

WALNUSS
Juglans spec.

BUCHE
Fagus spec.

AHORN
Acer spec.

EICHE
Quercus spec.

LINDE
Tilia spec.

Anatomie eines Baumes

Die Eiche gilt zweifellos als der König unter den Bäumen der nördlichen Hemisphäre. Sie ist an den gelappten Blättern und an der mit einer Kappe versehenen Eichel zu erkennen, einer Nussfrucht, die bei allen Arten der Gattung Quercus vorkommt. Der Hauptstamm wächst aufrecht und verzweigt sich zur Spitze hin in eine mächtige Krone. Zu den Eichen gehören viele Arten von Laubbäumen. Unter optimalen Bedingungen können sie eine Höhe von mehr als 40 m und ein Alter von über 600 Jahren erreichen.

Die Blätter produzieren mithilfe der Fotosynthese Zucker aus CO_2 und Wasser.

Die Transpiration (Verlust von Wasserdampf) der Blätter zieht den Xylemsaft nach oben.

KLIMA
Bäume wachsen überall, wo es ausreichend Wasser im Boden gibt.

Blüten
Die Eiche bringt hängende männliche Blüten hervor, während die kleineren weiblichen unter den Blättern verborgen sind.

Knospen
werden von schützenden Schuppen umhüllt, die im Frühling abfallen. Aus den Knospen wachsen neue Blätter und Zweige heran.

SOMMER
Die Eiche blüht. Der Stamm wächst in die Höhe und in die Breite.

WINTER
Die Blätter fallen ab, der Baum hält Winterruhe bis zum Frühjahr.

FRÜHLING
Sobald die ersten Blätter erscheinen, beginnt der Zyklus.

HERBST
Niedrige Temperaturen schwächen die Zweige.

Eichenprodukte

Die Rinde enthält reichlich Tannin, das zum Gerben von Leder und als Adstringens eingesetzt wird.

Über das Xylem werden Wasser und Mineralien von den Wurzeln aus im gesamten Baum verteilt.

Das Phloem transportiert Zucker von den Blättern in den restlichen Baum.

ENERGIEQUELLE
Mithilfe des Chlorophylls wird die Energie des Sonnenlichts eingefangen und dazu verwendet, Wasser und Kohlendioxid in Zucker zu verwandeln.

OBERFLÄCHE
Moose nutzen die Rinde von Eichen als Feuchtigkeitsquelle.

Wurzeln
wachsen seitlich und bilden ein großes Wurzelsystem.

Absorption von Wasser und Mineralien

Spechte klopfen mit dem Schnabel Löcher in den Stamm auf ihrer Suche nach Insekten.

FRÜHLING
Neue Blätter entstehen anstelle der alten.

Anfänge
Im ersten Lebensjahr wachsen die Wurzeln einer Eiche durchschnittlich 1,5 m.

WINTER
Die Blätter fallen ab, der Baum durchläuft eine Ruhezeit.

600 Jahre
DURCHSCHNITTSALTER EINER EICHE

Wachstumsringe

HERBST
Die Zellen am Ende der Blattstiele schrumpfen.

SOMMER
Die Blätter betreiben Fotosynthese und erzeugen Kohlenhydrate, die dem restlichen Baum zugutekommen.

Reste des Fruchtblatts (weibliche Fortpflanzungsorgane)

Hartschalige Nussfrucht, die bei der Reife nicht aufplatzt

Stamm
Der mächtige Stamm wächst gerade in die Höhe. An der Spitze weitet er sich zur Krone mit vielen Ästen, die gebogen oder verdreht sein können.

Blätter
Die einfachen Laubblätter sitzen wechselständig am Zweig. Sie sind auf jeder Seite der Hauptader in mehrere Lappen unterteilt.

Samen
Manche Arten haben süß, andere bitter schmeckende Samen.

Eicheln
sind der Länge nach dunkel gestreift. Der „Hut" weist flache Schuppen auf.

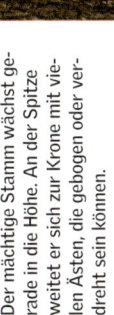

Farben des Lebens

Algen sind lebende Organismen, die ihre Nahrung mithilfe der Fotosynthese selbst herstellen. Ihre Farbe ist mit diesem Prozess korreliert und wird auch zur systematischen Klassifizierung herangezogen. Zudem werden Algen nach der Anzahl ihrer Zellen unterteilt. Es gibt viele einzellige Arten, von denen manche Kolonien bilden, aber auch vielzellige Spezies. Einige Braunalgen können eine Länge von über 45 m erreichen.

Mallomonas

Einzellige Organismen

besitzen häufig Geißeln (Flagellen), mit deren Hilfe sie sich im Wasser fortbewegen. Viele können feste Partikel mittels Phagozytose aufnehmen. Zu den einzelligen Algen zählen sehr unterschiedliche Gruppen. Diatomeen haben eine schützende Zellhülle aus Siliciumdioxid. Manche einzelligen Algen, besonders Rotalgen, können sehr hohe Temperaturen aushalten. Einzigartig unter den Eukaryoten sind etwa solche Rotalgen, die in den Schloten von heißen Quellen leben.

GROSSE OPPORTUNISTEN

Einzellige Algen leben nahe der Oberfläche von Gewässern. Wenn sie eine Zone mit ausreichend Licht und den notwendigen Nährstoffen finden, vermehren sie sich asexuell und besiedeln auf diese Weise in kürzester Zeit das gesamte Gebiet.

Fucus vesiculosus

Dictyota dichotoma f. *implexa*

① Phaeophyta

Zu den Braunalgen gehören etwa 1500 Arten. Sie bewohnen die gemäßigten Regionen und die Felsküsten der kältesten Meere der Erde. Ihre Farbe rührt von dem Pigment Fucoxanthin her, einem Xanthophyll, das die grüne Farbe des Chlorophylls überdeckt.

Dictyota dichotoma (Hudson) *J.V. Lamouroux*

Cystoseira amantacea var. *stricta*

Ectocarpus siliculosus

Vielzellige Organismen

➤➤ Zu dieser Algengruppe gehören vielzellige Strukturen. Sie bilden Kolonien aus beweglichen, einzelligen Algen, die sich mehr oder weniger regelmäßig in einer gemeinsamen Schleimkapsel zusammenschließen. Sie können auch fadenförmig mit Verzweigungen oder als unregelmäßiger Haufen aus Zellschichten angeordnet sein, die einen besonderen Grad zellulärer Differenzierung aufweisen und zusammen als „Thallus" bezeichnet werden.

2 Chlorophyta

bilden die Gruppe der Grünalgen. Die meisten Spezies sind mikroskopisch kleine, einzellige Organismen mit Flagellen. Andere ordnen sich zu längeren Fäden an, wieder andere bilden große, mehrzellige Körper aus. Zur Gruppe Ulvophyceae gehört der Meersalat (*Ulva lactuca*), der einem Kopfsalat ähnelt und essbar ist. Zu den Charophyceae zählen Armleuchteralgen, die Kalk einlagern. Die Chlorophyten der Grünalgen weisen auf eine enge Verwandtschaft zu den Pflanzen hin, da sie dieselbe Art von Chlorophyll enthalten und ihre Zellwand ebenfalls aus Zellulose besteht.

Chlamydomonas

6000
VERSCHIEDENE ARTEN
wurden bis heute in die Gruppe der Grünalgen eingeordnet.

Micrasterias rotata

Scenedesmus quadricauda

Micrasteria staurastrum

Acetabularia crenulata

Pinnularia borealis

HÄTTEST DU ES GEWUSST?

Wenn Wasser viele Nährstoffe enthält, vermehren sich Algen sehr schnell. So eine „Algenblüte" kann ein Ökosystem schädigen.

3 Rhodophyta

Rotalgen sind durch ihre Phykoerythrin-Pigmente gekennzeichnet, die ihnen ihre charakteristische rote Farbe verleihen und das Grün des Chlorophylls überdecken. Die meisten Rotalgen wachsen in der Gezeitenzone tropischer und subtropischer Meere. Sie kommen in allen Ozeanen vor und gedeihen besonders gut in schattigen Zonen und warmem, ruhigem Wasser.

Knorpeltang

Hypoglossum hypoglossoides

Bangia atropurpurea

Nitophyllum punctatum

Halymenia floresia

Apoglossum ruscifolium

Samen – hin und her

Die Vermehrung durch Samen ist einer der augenfälligsten evolutiven Vorteile, den die Pflanzen mit Eroberung des Landes erworben haben. Der Samen schützt den Embryo der künftigen Pflanze mit einer festen Wand. Der Embryo ist außerdem von Gewebe umhüllt, das ausreichend Nährstoffe für seine Entwicklung bereitstellt. Optimale Temperaturen sowie eine adäquate Menge an Wasser und Luft sind die entscheidenden Faktoren, die für den Beginn jenes beeindruckenden Entwicklungszyklus sorgen, an dessen Ende eine neue Generation von Samen steht.

1 AUSKEIMUNG DER SAMEN
Samen, wie diejenigen von Getreide oder Klatschmohn (*Papaver rhoeas*), geben ihren Ruhezustand auf, sobald sie Wasser aufnehmen und ausreichend Licht und Luft erhalten. Ihre Schutzhülle bricht auf, und der Embryo wächst dank der in den Keimblättern (Kotyledonen) gespeicherten Nährstoffe schnell heran.

2 TROPISMUS
Aufgrund der Schwerkraft lagern sich Amyloplasten immer im unteren Abschnitt der Zellen an. Sie lösen einen Reiz aus, der das Wachstum der Wurzel positiv oder negativ zur Schwerkraft auslöst (Geo- oder Gravitropismus).

Durch vielfältige Zellteilung wächst die Sprossachse in die Höhe.

PLUMULA
Die Keimknospe eines Pflanzenembryos, aus der die erste Sprossachse hervorgeht

KOTYLEDO
Das erste Keimblatt; es liefert die für das Wachstum notwendige Energie.

WURZELHAARE
Sie werden von der Radicula ausgebildet und unterstützen den Samen bei der Aufnahme von Wasser aus dem Boden.

SAMENSCHALE
Auch Testa genannt; es gibt sie in unterschiedlicher Ausprägung.

RADICULA
Die embryonale Wurzelanlage, aus der die Hauptwurzel hervorgeht

Die Samenschale schützt den Embryo und die Kotyledonen während der Ruhephase des Samens.

Enzyme — **ENDOSPERM** — Nährstoffe
Gibberellin — Embryo
Samenhülle

WASSER
Mit seiner Hilfe kann das hydrierte Gewebe im Inneren so viel Druck entfalten, dass die harte Samenschale aufbricht.

NÄHRSTOFFE
Die Radicula ist entscheidend für die Aufnahme von Wasser und Nährstoffen aus dem Boden.

Gibberelline
sind Phytohormone, die nach den ersten Stadien der Wasseraufnahme über das Endosperm verteilt werden. Sie regen die Produktion von Enzymen an, die Stärke, Lipide und Proteine hydrolysieren und entsprechend in Zucker, Fettsäuren und Aminosäuren umwandeln. Diese Nährstoffe versorgen den Embryo und später den Keimling.

Herbst
DIE JAHRESZEIT, IN DER DIE SAMEN VON *PAPAVER RHOEAS* AUSKEIMEN.

3 **WACHSTUM**
Der Keimling wächst und bricht schließlich durch die Oberfläche ans Licht, sodass er in der Lage ist, Fotosynthese zu betreiben. Damit kann er sich selbst mit Nährstoffen versorgen und ist nicht länger darauf angewiesen, was ihm die Keimblätter zur Verfügung stellen.

4 **VEGETATIVES WACHSTUM**
Die ersten echten Blätter entfalten sich oberhalb der Keimblätter. Die Sprossachse bildet sich aus einem speziellen Gewebe, dem Meristem, das auf den Vegetationskegel (Apex) an der Spitze des Sprosses konzentriert ist. Kontinuierliches Wachstum führt schließlich zur Struktur der erwachsenen Pflanze, die ihre eigenen reproduktiven Organe entwickelt.

BLÜTE
Interne und externe Veränderungen stimulieren die Spitzenknospe, eine Blüte auszubilden.

SITZENDE BLÄTTER
Die oberen Blätter haben keinen Stiel.

SPITZEN-WACHSTUM
Licht regt die vielfache Zellteilung im Vegetationskegel der Sprossachse an.

Das Keimblatt wird vom vertikalen Wachstum der Sprossachse getragen.

Keimblätter können unter der Erde verbleiben oder wie in diesem Fall oberirdisch wachsen.

TOTIPOTENZ
ist charakteristisch für die vegetativen Zellen des Apex.

KEIMBLÄTTER

5 **ENTSTEHUNG DER BLÜTENTEILE**
Die Spitzenknospe beginnt, fertile (Gynäzeum und Andrözeum) und sterile (Kron- und Kelchblätter) Strukturen auszubilden, und die Blütenknospe formt sich heraus.

LEITUNG
Die Sprossachse transportiert Wasser und Mineralien von der Wurzel zu den Blättern, während die aus der Fotosynthese stammenden Stoffe in die entgegengesetzte Richtung befördert werden.

HYPOKOTYL
Der erste Abschnitt der Sprossachse, der von der jungen Pflanze gebildet wird

1 cm
BETRÄGT DAS MAXIMALE HÖHENWACHSTUM PRO TAG.

WECHSEL-STÄNDIGE BLÄTTER

SEKUNDÄRWURZELN

Die vielen feinen Härchen der Wurzel schaffen eine große Oberfläche für die Absorption von Wasser.

PRIMÄRWURZEL
Sie verankert sich selbst im Boden, verzweigt sich viele Male und sorgt so für eine feste Stütze der Pflanze im Substrat.

HÄTTEST DU ES GEWUSST?
Manche Samen können viele Jahre oder sogar Jahrhunderte ruhen, bis die richtigen Bedingungen für ihre Keimung eintreten.

DIE ERSTEN 20 TAGE EINES KLATSCHMOHNS
1 mm   8 cm   12 cm   15 cm   20 cm

50 cm
HÖHE ERREICHT EINE ERWACHSENE KLATSCHMOHNPFLANZE IM DURCHSCHNITT.

6 **BLÜTE**
Sobald sich die Knospe öffnet, beginnen die Blütenteile, sich zu entfalten. Sie sind in Wirteln oder Kreisen angeordnet. Der äußere Wirtel, die Blumenkrone, besteht aus den Blütenblättern, die beiden inneren Wirtel enthalten die fertilen Teile der Blüte – Andrözeum und Gynäzeum.

ANTHESE
Die Blütenknospe öffnet sich, und die Blüte beginnt.

WECHSEL-STÄNDIGE BLÄTTER

GETEILTE BLÄTTER
Die Blätter sind stark zerschlitzt; in ihnen findet Fotosynthese statt.

Die Wasser absorbierenden Wurzelhärchen werden durch Abnutzung zerstört und deshalb ständig erneuert.

ANDRÖZEUM
Hier werden die männlichen Gameten produziert.

Bienen landen auf Blüten, um nach Nektar zu suchen, und nehmen auf ihrem Weiterflug Pollenkörner mit, die in ihren Härchen hängen bleiben.

POLLENKÖRNER

7 **BESTÄUBUNG**
Der Mechanismus, mit dessen Hilfe Blütenpflanzen sich fortpflanzen, umfasst die Aussendung von Pollen (Blütenstaub).

WINDBESTÄUBUNG
Wind ist ideal, um Pollenkörner über größere Entfernungen zu transportieren.

10 cm
IST DIE DURCH-SCHNITTLICHE GRÖSSE EINER BLÜTE.

TIERBESTÄUBUNG
Tiere, in erster Linie Insekten, helfen der Pflanze, ihre Pollenkörner zu verbreiten, nachdem sie auf der Suche nach Nahrung mit der Blüte in Kontakt gekommen sind. Dies ist eine der wichtigsten Arten der Bestäubung.

Narbe

Staubbeutel

Nektarium **Fruchtknoten**

FRUCHT
Nach der Befruchtung bildet sich aus Fruchtknoten und benachbartem Gewebe die Frucht.

STAUB-GEFÄSSE

8 FRUCHT
Die Samen entwickeln sich im Inneren der Frucht. Jedes Samenkorn kann einen neuen Keimling hervorbringen.

FRUCHT

SAMEN

9 REIFE FRUCHT
Die Früchte streuen die Samen aus. Klatschmohn hat trockene Früchte, die sich öffnen, sobald sie reif sind. Dies erleichtert die Verbreitung der Samen durch die Luft.

MOHNSAMEN

10 VERBREITUNG
Die Frucht des Klatschmohns ist eine Kapsel mit winzigen Öffnungen an der Spitze, durch die die Samen ins Freie gelangen.

11 SAMEN
Jeder Samen, der mithilfe von Wind, Wasser oder einem Tier verbreitet wird, kann bei passenden Umweltbedingungen auskeimen und zu einer neuen Pflanze heranwachsen.

3000
SAMENKÖRNER KÖNNEN IN EINER REIFEN SAMENKAPSEL DES KLATSCHMOHNS ENTHALTEN SEIN.

Etwas Gemeinsames
Wenn ein Samen die entsprechenden Voraussetzungen vorfindet, startet der Lebenszyklus aufs Neue. Obwohl jede Blütenpflanzen-Spezies ihren eigenen, ganz besonderen Lebenszyklus aufweist, sind die verschiedenen hier aufgeführten Stadien im Allgemeinen typisch für die Angiospermen.

Bestäubung

Die Orchidee mit dem wissenschaftlichen Namen *Ophrys apifera* (Bienenragwurz oder „Bienen-Orchidee") wird so genannt, weil ihre Blüte einer Biene sehr ähnlich sieht. Orchideenblüten sind sehr groß und meist prächtig gefärbt; sie sondern einen zuckerhaltigen Nektar ab, der von vielen Insekten geschätzt wird. Orchideen sind ein Beispiel für Arten mit Zoophilie, das heißt, ihr Überleben hängt davon ab, Vögel oder Insekten anzulocken, die den Pollen zu entfernten Pflanzen transportieren und diese befruchten.

CAUDICULA
Stiel des Polliniums; schließt sich manchmal und bedeckt das Pollinium.

DUFT
Der Duft ähnelt den Pheromonen (Sexuallockstoffen) von Bienen.

POLLINIUM
Kleiner Klumpen aus dicht gepackten Pollenkörnern

1
Anlocken
Sobald sich die Blüte öffnet, tropft eine Flüssigkeit auf das untere Kronblatt und bildet eine kleine Lache. Sie verströmt ein intensives Aroma, das Bienen anlockt.

BESTÄUBENDES INSEKT
Biene
Apiformes spec.

3
Ladung
Während die Biene durch den engen Tunnel kriecht, berührt sie das Pollinium, und Pollenkörner bleiben an ihr kleben.

2
Sturz
Angelockt von dem betörenden Duft, dringt die Biene in die Blüte ein und versucht, den vermeintlichen weiblichen Partner zu begatten. Dabei rutscht sie in die Lache und wird gefangen. Sie kann nicht mehr davonfliegen, sondern muss, um wieder hinauszukommen, über die Staubblätter klettern.

Bienenragwurz
Ophrys apifera

NEKTAR
Klebrige, zuckerhaltige Flüssigkeit

LIPPE (LABELLUM)
Ihre Form ahmt den Hinterleib einer Biene nach.

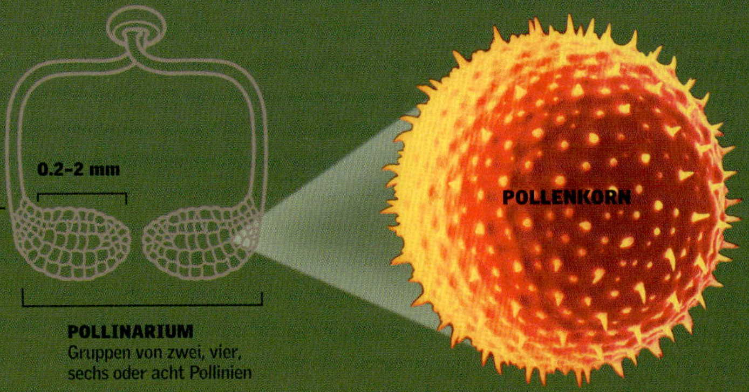

POLLINIEN
Kleine Klümpchen
aus Pollenkörnern
in einem Sektor der
Anthere

0.2–2 mm

POLLINARIUM
Gruppen von zwei, vier,
sechs oder acht Pollinien

Pollen

Jedes Korn enthält einen männlichen
Gameten.

POLLENKORN

12 000

Die Anzahl von Samen, die eine
einzige befruchtete Orchidee
produziert.

CORBICULUM
Tasche für den
Transport von Pollen

FÄRBUNG
ist einer der wichtigsten
Faktoren für das An-
locken von Insekten.

4

Übertragung

Die Biene verlässt die Blüte mit
Orchideenpollen, der an ihrem
Hinterteil klebt, und sucht die
nächste Pflanze auf.

5

Bis ans Ziel

Sobald die Biene auf einer
weiteren Blüte derselben Art
landet, wiederholt sie den
Vorgang, begattet die Narbe
(weibliche Fortpflanzungsorgane) und gibt dabei den
Pollen ab, der die Samen-
anlage befruchtet.

SEITENLAPPEN
Sie sind mit zar-
ten, seidigen Här-
chen besetzt, die
Bienen anlocken
sollen.

TARNUNG
Manche Pflanzen, die bei der
Bestäubung auf Insekten angewiesen sind, ahmen die Gestalt der
jeweiligen Spezies nach, von der ihr
Überleben abhängt. Jede Orchidee
besitzt ihre eigene für die Bestäubung zuständige Insektenart.

Energielieferanten

Die Hauptaufgabe der Blätter besteht in der Durchführung der Fotosynthese. Ihre Form ist darauf ausgerichtet, Lichtenergie einzufangen und in chemische Energie umzuwandeln. Dementsprechend haben sie eine große, dem Sonnenlicht ausgesetzte Oberfläche, sind aber nur verhältnismäßig dünn und von geringem Volumen. Allerdings gibt es jede Menge Abweichungen von diesem Grundmuster, die sich in Verbindung mit unterschiedlichen klimatischen Verhältnissen herausgebildet haben.

RÄNDER
Spezies lassen sich aufgrund der Verschiedenartigkeit der Blattränder unterscheiden: Es gibt beispielsweise glatte, gesägte, gezähnte und gekerbte Formen.

NERVATUR
Blütenpflanzen (Klasse Angiospermen) werden häufig nach der Form ihrer Blattnerven unterschieden: Bei Monokotyledonen sind sie parallel, bei Dikotyledonen verzweigt angeordnet.

HAUPTADERN
Über die Blattnerven werden die Produkte der Fotosynthese von den Blättern in die restlichen Teile der Pflanze transportiert.

RACHIS

BLATTSTIEL (PETIOLUS)

ACER SPEC.
Die Gattung Ahorn umfasst Bäume und Sträucher, die an ihren gegenständigen, gelappten Blättern gut zu unterscheiden sind.

BLATTSPREITE
Bunt gefärbt, zumeist grün, mit dunklerer Schattierung auf der Oberseite. Die Blattnerven sind gut sichtbar.

Einfache Blätter
Bei vielen Monokotyledonen sind die Blätter ungeteilt. Manchmal weisen sie gelappte oder gekerbte Ränder auf, aber diese Einbuchtungen reichen meist nicht bis zur Mittelrippe des Blattes.

Zusammengesetzte Blätter
Wenn das Blatt von der Hauptrippe ausgehend unterteilt ist, bildet es getrennte Blättchen aus. Ein zusammengesetztes Blatt wird als fingerförmig bezeichnet, wenn die Blättchen wie Finger angeordnet sind, und als fiederförmig, wenn sie wie die Äste einer Feder abstehen.

QUERSCHNITT

Im Allgemeinen besitzt ein Blatt den gleichen Aufbau und dieselben Gewebe wie der Rest des Pflanzenkörpers. Die Anordnung der Gewebe variiert von Spezies zu Spezies.

BINDEGEWEBE

besteht aus lebenden (Phloem) und toten (Xylem) Zellen.

EPIDERMIS

Sie besteht aus lebenden Zellen und umgibt als Abschlussgewebe alle Teile des Blattes sowie der gesamten Pflanze. Sie scheidet nach außen eine Wachsschicht ab, die Kutikula.

MESENCHYM

wird von lebenden Zellen gebildet. Es gibt dem Blatt Form und Struktur und enthält normalerweise Chloroplasten.

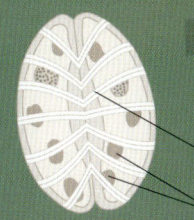

1 Der Spaltöffnungsapparat ist geschlossen. Kein Gas kann in das Blattgewebe eindringen oder aus ihm entweichen. Dies verhindert eine zu starke Transpiration, die der Pflanze schaden könnte.

Verdickte Zellwände rund um die Poren

Mikrofaser

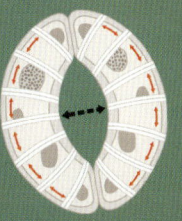

2 Der Spaltöffnungsapparat steht offen. Die Schließzellen verformen sich aufgrund des erhöhten Innendrucks und der unterschiedlich starken Zellwand und geben einen Spalt frei, durch den der Gasaustausch stattfindet.

PFLANZEN UND IHRE UMGEBUNG

Der Austausch von Kohlendioxid und Wasserdampf zwischen der Pflanze und ihrer Umgebung ist entscheidend für den Prozess der Fotosynthese. Er kann durch interne und externe Faktoren beeinflusst werden, wie etwa Veränderungen von Lichtintensität, Temperatur oder Luftfeuchtigkeit. Als Antwort auf diese Reize können die Spaltöffnungen aufgehen oder sich schließen.

HÄTTEST DU ES GEWUSST?

Im Herbst hören Bäume auf, Chlorophyll zu erzeugen. Dann trocknen die Blätter aus und werden vom Wind von den Ästen gerissen.

Modifikation und ihre Vorteile

Nadelbäume (Koniferen) weisen hinsichtlich ihrer Blätter eine interessante Modifikation auf. Bei diesen nacktsamigen Pflanzen führte die Evolution zu einer starken Reduktion der Blattspreite. Dies verschafft ihnen deutliche Vorteile gegenüber Pflanzen mit großer Blattoberfläche: weniger Luftwiderstand, eine geringere Transpiration in trockenen Gebieten und keine so extremen Gewichtsbelastungen, etwa als Folge von starkem Schneefall.

RANKEN

Die Blätter von kletternden Pflanzen wie der Weinrebe zeigen diese speziellen Modifikationen.

LEITBÜNDEL

gebildet aus Phloem und Xylem

HARZ

zirkuliert durch die Harzkanäle und verhindert das Einfrieren des Gewebes.

EPIDERMIS

Zellen mit verdickter Wand, die eine Kutikula abscheiden

KONIFEREN

Nadelförmige, zumeist ovale oder dreieckige Blätter sind das charakteristischste Merkmal der Koniferen. Die Hypodermis, die von der Epidermis umschlossen wird, ist nur im Bereich der Stomata unterbrochen.

GLOSSAR

Albedo Maß für das Rückstrahlvermögen einer Oberfläche.

Algen Organismen aus dem Reich der Protisten, die früher dem Pflanzenreich zugeordnet wurden, obwohl sie weder Wurzel, Spross noch Blätter aufweisen. Sie leben im Wasser oder in Feuchtgebieten und können mehrzellig oder einzellig sein.

Angiospermen Aus den griechischen Wörtern *aggeion* (= Gefäß) und *sperma* (= Samen). Bedecktsamige Pflanzen, deren Fruchtblätter einen geschlossenen Fruchtknoten um die Samenanlagen bilden. Die Samen sind in Strukturen enthalten, die sich zu Früchten entwickeln.

Anthere Staubbeutel; Teil des Staubblatts, das sich aus zwei Theken und vier Pollensäcken zusammensetzt.

Antizyklone Gebiet, in dem der atmosphärische Druck höher ist als in benachbarten Regionen. Normalerweise sinken die Luftmassen über einem Hochdruckgebiet ab, sodass sich keine Wolken in mittleren und höheren Zonen der Atmosphäre bilden können. Dadurch geht ein Hochdruckgebiet meist mit schönem Wetter einher.

Äon Die längste Zeiteinheit in der Geochronologie der Erde. Die nächstkleinere Zeiteinheit ist die Ära.

Aphel Der sonnenfernste Punkt der Bahn eines Himmelskörpers.

Ära Zeitabschnitt der Geochronologie, der von Geologen in Perioden unterteilt wird.

Asexuelle Fortpflanzung Ungeschlechtliche Vermehrung, bei der ein einzelner Elternteil Nachkommen hervorbringt, die genetisch mit ihm identisch sind.

Asthenosphäre Schicht der Erde unterhalb der Lithosphäre. Sie ist Teil des oberen Erdmantels und besteht aus plastischem Gestein.

Atmosphäre Die durch die Schwerkraft festgehaltene Gashülle eines Planeten. Bei Sternen ist dies die äußere Materieschicht, aus der die im Inneren des Sterns erzeugte Energie in Form von Strahlung abgegeben wird.

Atmosphärischer Druck Hydrostatischer Druck der Luft (auch „Luftdruck"), der von der Atmosphäre an einem bestimmten Punkt ausgeübt wird. Er wird in unterschiedlichen Einheiten gemessen: Hektopascal, Millibar, Millimeter Quecksilbersäule (mmHg).

Batholith Massiver Gesteinskörper aus in bereits bestehende Schichten eingedrungenem Magma.

Befruchtung Vereinigung bestimmter Geschlechtszellen (die im Pollen und im Fruchtknoten enthalten sind), aus denen eine neue Pflanze entsteht.

Bestäubung Übertragung von Pollen aus den männlichen Fortpflanzungsorganen auf das weibliche Fortpflanzungsorgan einer Blüte.

Blitz Funkenentladung oder Lichtbogen zwischen Wolken und Erdboden; dabei werden elektrische Ladungen ausgetauscht.

Bryophyta Laubmoose; Gruppe kleiner, blütenloser Pflanzen, die zusammen mit Lebermoosen und Hornmoosen die Organisationsform Moose bildet.

Caldera Großer, runder Kraterkessel, der sich bildet, wenn ein Vulkan in seine Magmakammer einbricht.

Chemische Verbindung Aus mehr als einem Element gebildete Substanz.

Chlorophyll Pigment, das in den Chloroplasten von Pflanzenzellen enthalten ist. Während der Fotosynthese absorbiert es die Lichtenergie und leitet sie weiter.

Chloroplast Mikroskopisch kleines Zellorganell im Zytoplasma grüner Pflanzen. Hier laufen die chemischen Prozesse der Fotosynthese ab.

Cirrus Büschelartige weiße Formation von Eiswolken in Höhen über 5000 m.

Corioliskraft Sie gehört zu den Schein- oder Trägheitskräften und tritt auf, wenn die Erde als Gegenspieler zu einer Rotationsbewegung fungiert. Sie hängt von der geografischen Breite und der Geschwindigkeit des sich bewegenden Objekts ab. Auf der nördlichen Hemisphäre wird die Luft im Vergleich zur Bewegungsrichtung nach rechts, auf der südlichen Erdhalbkugel nach links abgelenkt. Sie ist am stärksten an den Polen, während sie am Äquator nicht in Erscheinung tritt.

Dichte Das Verhältnis von Masse zu Volumen eines Körpers (Masse dividiert durch Volumen).

Dikotyledonen Blütenpflanzen mit zweikeimblättrigen Samen.

Dunst Mikroskopisch kleine Wassertropfen oder andere hygroskopische Partikel, die fein in der Luft verteilt sind und die Sichtweite am Boden einschränken.

Elliptische Bahn Alle Bahnen von Himmelskörpern sind oval abgeflachte Kreisbahnen. Ein Kreis ist eine Sonderform einer Ellipse.

Embryo Entsteht aus der von einer männlichen Samenzelle (Spermium) befruchteten Eizelle und entwickelt sich zu einem erwachsenen Organismus weiter.

Enzyme Stoffe, zumeist Proteine, die bei der Regulation von biochemischen Prozessen in der Zelle als Katalysatoren wirken.

Epidermis Äußerste zelluläre Schicht von Sprossachse und Blatt.

Epiphyten Pflanzen, die auf der Oberfläche von anderen Pflanzen wachsen und sich dort verankern, ohne jedoch Wasser oder Nährstoffe von diesen zu entnehmen.

Epizentrum Der Punkt der Erdoberfläche, der senkrecht über dem Erdbebenherd liegt.

Erdbeben Heftige Erschütterung des Erdbodens durch die plötzliche Freisetzung von Energie, meist entlang der Kanten von tektonischen Platten.

Erosion Vorgang, bei dem die Erdoberfläche im Lauf der Zeit durch fließendes Wasser, Gletscher, Wind oder Wellen abgetragen wird.

Erstarrungsgestein Durch Abkühlen von Magma entstandenes Gestein. Erstarrt es innerhalb der Erdkruste, spricht man von Tiefengestein (Plutonite), verfestigt es sich an der Oberfläche, spricht man von Ergussgestein (Vulkanite).

Evaporation Physikalischer Prozess, bei dem eine Flüssigkeit in ihren gasförmigen Zustand übergeht (in diesem Fall Wasserdampf). Der umgekehrte Vorgang wird als Kondensation bezeichnet.

Exosphäre Äußerste Schicht der Erdatmosphäre.

Falte Deformation einer Gesteinsschicht durch den Druck, den die Bewegungen tektonischer Prozesse ausüben.

Finsternis Ein Himmelskörper wird durch einen anderen abgedunkelt. Bei einer Mondfinsternis tritt der Mond in den Schatten der Erde ein. Bei einer Sonnenfinsternis gerät die Erde in den Schatten des Mondes.

Fotosynthese Prozess, bei dem mithilfe der Sonnenenergie aus Kohlendioxid und Wasser Kohlenhydrate gewonnen werden.

Front Übergang oder Kontaktzone zwischen zwei Luftmassen mit unterschiedlichen meteorologischen Charakteristika, wozu immer auch verschiedene Temperaturen gehören. Eine Front entsteht etwa, wenn warme, feuchte Luftmassen auf trockene, kalte Luft stoßen.

Fruchtknoten Teil der Blüte, der aus einem oder mehreren Fruchtblättern besteht und die Samenanlagen enthält. Nach der Befruchtung bildet er die gesamte Frucht aus.

Gestein Natürliches Aggregat (Gemenge) aus einem oder mehreren Mineralen (manchmal auch nichtkristallinen Substanzen), das eine eigene geologische Einheit bildet.

Gezeiten Die Wirkung der Gravitationskraft eines Himmelskörpers auf die Oberfläche eines anderen. Die Gezeiten des Meeres sind ein Beispiel.

Gletscher Eine große Eismasse, die sich durch Anhäufung von umkristallisiertem und verdichtetem Schnee im Gebirge oder auch über großen Bereichen eines Kontinents bildet.

Gondwana Südlicher Teil von Pangäa, dem aus Südamerika, Afrika, Australien, Indien und der Antarktis gebildeten Urkontinent.

Granit Überwiegend aus Quarz und Feldspat bestehendes magmatisches Tiefengestein.

Gravitation Anziehungskraft zwischen Körpern (Massen), etwa zwischen Erde und Mond.

Gymnospermen Nacktsamer; Pflanzen, deren Samenanlagen nicht von einem Fruchtknoten umhüllt sind. Dazu zählen etwa Koniferen (z. B. Kiefer, Fichte, Lärche, Zypresse).

Gynäzeum Gesamtheit der Fruchtblätter einer Blüte; bildet das weibliche Fortpflanzungsorgan der Angiospermen.

Hagel Niederschlag, der seinen Ursprung in Cumuluswolken hat, wie etwa dem Cumulonimbus, und zwar in Form von unregelmäßig geformten Eisstücken.

Helium Das zweithäufigste und zweitleichteste Element des Universums. Es entstand beim Urknall und bei der Kernfusion in den Sternen.

Höhle Unterirdischer Hohlraum, der durch die chemische Einwirkung von Wasser auf lösliches, meist kalkhaltiges Gestein entstanden ist.

Hurrikan Tropischer Wirbelsturm mit einer Geschwindigkeit von 119 km/h oder mehr, der im Nordatlantik, in der Karibik, im Golf von Mexiko und im nordöstlichen Pazifik auftritt. Im westlichen Pazifik heißt er Taifun und im Indischen Ozean Zyklon.

Hyphen Miteinander verwobene Filamente; bilden ein Myzel.

Intrusion Eindringen großer magmatischer Massen in die feste Erdkruste. Sie erstarren, ohne die Erdoberfläche zu erreichen.

Kalkstein Gestein mit einem Mindestanteil von 50 % Kalzit; daneben können Dolomit, Aragonit und Siderit enthalten sein.

Keimling Der erste Austrieb eines Embryos der Samenpflanzen; besteht aus einem kurzen Spross und einem Paar junger Blätter.

Kelchblätter Sepalen; modifizierte Laubblätter, die den äußeren Teil der Blütenhülle bilden (Kelch) und die Knospe schützen, bevor sie sich öffnet.

Kern Bei einem Planeten die feste, hoch verdichtete zentrale Masse.

Klima Gesamtheit der meteorologischen Zustände, die für den durchschnittlichen Zustand der Erdatmosphäre an einem bestimmten Ort über einen längeren Zeitraum gesehen verantwortlich sind. Das Klima eines Ortes wird bestimmt von klimatologischen Faktoren wie geografische Länge und Breite, Höhe, Topografie und Land-Meer-Verteilung.

Koaleszenz Prozess des Zusammenfließens von Wassertropfen in einer Wolke.

Kohle Brennbares schwarzes Gestein organischen Ursprungs.

Kohlenstoff Eines der häufigsten Elemente des Universums. Es wird von Sternen produziert und ist die Basis aller bekannten Lebensformen.

Kontaktmetamorphose Großflächige Umwandlung von Gestein in eine andere Gesteinsart. Passiert meist infolge eines plötzlichen Temperaturanstiegs.

Kontinentalität Die Tendenz, dass die inneren Regionen eines Kontinents größere Temperaturschwankungen aufweisen als die Küstenzonen.

Konvektion Prozess, bei dem eine erhitzte Oberfläche Wärmeenergie an das über ihr befindliche Medium (Luft, Wasser etc.) abgibt.

Dadurch nimmt dessen Dichte ab, und das Material steigt auf. Kälteres Material strömt in die Lücke nach. So steigt Luft nach oben, wenn der Boden von den Sonnenstrahlen erwärmt wird.

Konvergierende Plattengrenze Grenze zwischen zwei kollidierenden tektonischen Platten.

Kotyledone Keimblatt; erstes Blatt einer Blütenpflanze, das im Inneren des Keimlings gebildet wird. Manche Keimblätter können Nährstoffe speichern und treten nicht zutage, während die Pflanze heranwächst.

Krater (Vulkan) Kreisförmige Vertiefung, die durch den Einschlag eines Meteoriten auf der Oberfläche eines Planeten oder natürlichen Satelliten entsteht.

Kristall Homogener, fester Körper mit einer regelmäßigen, geordneten und periodischen Anordnung von Atomen (Kristallgitter).

Kruste Äußerster Teil des Schalenbaus der Planeten.

Lavastrom Strom aus Lava, der aus einem Vulkan austritt und abwärtsfließt.

Licht Die für das menschliche Auge sichtbare elektromagnetische Strahlung.

Lithosphäre Der von der Erdkruste und dem obersten Erdmantel gebildete oberste, feste Bereich der Erde.

Luftmasse Umfangreiches Luftvolumen in der Atmosphäre, dessen physikalische Eigenschaften, insbesondere Temperatur und Feuchte, in horizontaler Ausdehnung nur kleine oder graduelle Unterschiede aufweisen. Eine Luftmasse kann ein Gebiet von einigen Millionen Quadratkilometern bedecken und eine Dicke von mehreren Kilometern erreichen.

Magma Masse aus geschmolzenem Gestein mit darin gelösten Gasen und Kristallen tief unter der Erdoberfläche. Magma, das sein Gas abgegeben und die Oberfläche erreicht hat, bezeichnet man als Lava. Beim Abkühlen innerhalb der Erdkruste bildet Magma plutonische Gesteine (Plutonite).

Magmakammer Mit glühendem Magma gefüllter Hohlraum unter einem Vulkan.

Magnetosphäre Kugelförmig um einen Planeten liegendes Magnetfeld, das den Planeten vor Sonnenwinden schützt.

Mantel Schicht im Aufbau eines Planeten zwischen Kruste und Kern.

Marmor Metamorphes Kalkgestein aus verdichtetem Kalzit und Dolomit. Lässt sich auf Hochglanz polieren.

Masse Die in einem Körper vorhandene Masse an Materie bestimmt dessen Gravitation und Trägheit.

Materie Die Substanz eines physikalischen Objekts mit einer bestimmten räumlichen Ausdehnung.

Meristem Bildungsgewebe aus undifferenzierten Zellen bei Pflanzen, das durch Zellteilung für die Bildung weiterer Zellen sorgt.

Mesosphäre Die über der Stratosphäre liegende Schicht der Erdatmosphäre.

Metamorphes Gestein Gestein, das sich durch Einwirkung von hohem Druck und Temperatur auf Erstarrungs- und Sedimentgestein bildet.

Mineral Natürlich vorkommende, anorganische feste Substanz mit einem geordneten Atomaufbau.

Mittelozeanischer Rücken Langer Gebirgszug am Meeresboden, dessen Breite zwischen rund 500 und 5000 km variiert.

Molekül Kleinster Teil einer Reinsubstanz, das deren chemische Zusammensetzung und Eigenschaften besitzt und aus zwei oder mehr Atomen besteht.

Monokotyledonen Blütenpflanzen mit nur einem Keimblatt wie Zwiebeln, Orchideen und Palmen.

Myzel Gesamtheit der Hyphen eines Pilzes.

Narbe Teil des weiblichen Fortpflanzungsapparats der Blütenpflanzen, der mit dem Fruchtknoten verbunden ist; nimmt den Pollen auf.

Nebel (Wetter) Sichtbare Manifestation von Wassertröpfchen in der Atmosphäre oder nah über dem Erdboden; verringert die horizontale Sichtweite auf weniger als 1,6 km. Nebel entsteht, wenn die Lufttemperatur nahe am Taupunkt liegt und eine ausreichend hohe Zahl von Kondensationskernen vorhanden ist.

Nektar Süße Flüssigkeit, die von Blüten und einigen Blättern produziert wird, um Insekten und Vögel für die Bestäubung anzulocken.

Niederschlag Wasser – einschließlich seiner festen Bestandteile wie kristalline oder amorphe Partikel –, das aus einer Wolke auf die Erdoberfläche herabfällt.

Ökosystem System aus Organismen und den nicht biologischen Komponenten ihres Lebensraums.

Ozonschicht Schicht der Erdatmosphäre in einer Höhe von 32 bis 48 km über der Erdoberfläche, zwischen Troposphäre und Stratosphäre. Hier wird ein großer Teil der UV-Strahlung herausgefiltert.

Perihel Der Punkt der größten Sonnennähe auf der Bahn eines Himmelskörpers.

Pflanzensaft Wässrige Flüssigkeit, die Produkte der Fotosynthese enthält und über die Leitbündel des Phloems transportiert wird.

Phloem Leitungsbahnen, über die Assimilate in der gesamten Pflanze verteilt werden.

Plattentektonik Nach dieser Theorie schwimmt die Erdkruste auf dem oberen Erdmantel. Die Plattenbewegungen führen zu Gebirgsbildung, Vulkanismus und Erdbeben.

Polarlicht In den Polarregionen am Himmel sichtbares Phänomen mit grünen und roten Lichtbändern. Das Polarlicht wird durch die Kollision von Sonnenpartikeln mit der Erdatmosphäre erzeugt.

Pollen Blütenstaub der Samenpflanzen; besteht aus Körnern, die die männlichen Fortpflanzungszellen enthalten.

Pyroklastischer Strom Glühend heiße Mischung aus vulkanischer Asche, vulkanischen Gesteinstrümmern und Gasen, die mit hoher Geschwindigkeit an den Seiten des Vulkans abwärtsströmt.

Quarzit Extrem hartes metamorphes Gestein, das aus der Verfestigung von Quarzsandstein entstanden ist.

Reich Taxonomische Einheit, die zwischen Stamm und der Domäne steht, wie etwa das Pflanzenreich.

Rhizom Sprossachsensystem, das horizontal unter der Erde wächst.

Richterskala misst die Stärke eines Erdbebens (die freigesetzte Energie). Die Skala ist logarithmisch ausgelegt: Ein Beben der Stärke 8 setzt also zehnmal mehr Energie frei als ein Beben der Stärke 7.

Sauerstoff Für das Leben und die Ausdehnung des Universums entscheidendes chemisches Element. Die Erdatmosphäre besteht in Bodennähe aus etwa 21% Sauerstoff.

Schnee Niederschlag aus weißen oder durchsichtigen Eiskristallen, die meist in Form komplexer Sechsecke angeordnet sind.

Sedimentgestein Gestein, das sich aus einer Ablagerung von Sedimenten bildet, wenn diese durch physikalische und chemische Prozesse verdichtet und verfestigt werden.

Seismische Welle Welle, die sich als Folge eines Erdbebens oder einer Explosion im Inneren der Erde ausbreitet.

Sexuelle Vermehrung Fortpflanzung, die auf der Befruchtung einer weiblichen Eizelle durch eine männliche Samenzelle beruht. Die Nachkommen unterscheiden sich von beiden Eltern.

Spore Entwicklungsstadium, meist aus einer einzigen Zelle, das in der Lage ist, ohne Fusion mit einer anderen Zelle einen neuen Organismus hervorzubringen.

Staubblatt Der Teil des männlichen Fortpflanzungsapparats einer Blüte, der den Pollen trägt.

Störung (Verwerfung) Bruchstelle, die durch die Verschiebung (Versatz) von Gesteinsblöcken gegeneinander entsteht.

Strahlstrom Auch als Jetstream bezeichnet. Luftströmungen in der oberen Troposphäre, wo die Windgeschwindigkeit mehr als 320 km/h erreichen kann.

Strahlung Vorgang der Ausbreitung von Energie in einem Medium (oder im Vakuum) durch Wellen oder Teilchenbewegung. Elektromagnetische Wellen, die Wärme und Licht aussenden, sind eine Form der Strahlung, eine andere sind die Schallwellen.

Stratosphäre Über der Troposphäre angeordnete Schicht der Atmosphäre.

Stratus Tief hängende Schichtwolke, die häufig Nieselregen hervorbringt.

Subduktion Vorgang, bei dem die ozeanische Lithosphäre entlang einer Konvergenzzone in den Erdmantel absinkt.

Tau Kondensation winziger Wassertropfen auf Gras, Pflanzen oder anderen Objekten in Bodennähe, wenn die Temperatur unter den Taupunkt gefallen ist.

Tektonische Platten Große, feste Abschnitte der äußeren Erdkruste. Diese Platten liegen auf der Asthenosphäre auf, einer plastisch-dehnbaren Schicht des Erdmantels.

Tornado Kleinräumiger Luftwirbel; eine Luftsäule, die mit großer Geschwindigkeit rotiert und sich zwischen einer Cumuluswolke und der Erdoberfläche erstreckt. Tornados entwickeln gewaltige Zerstörungskräfte und können überall auf der Welt vorkommen.

Transformstörung Durch Horizontalverschiebung zweier Platten verursachte Störung.

Tremor Niederfrequentes Beben; seismisches Ereignis, das an der Erdoberfläche als leichte Vibration oder schwaches Zittern des Bodens wahrgenommen wird, aber keine Schäden verursacht.

Troposphäre Unterste wetterwirksame Schicht der Atmosphäre, in der sich die für die Meteorologie interessanten Prozesse abspielen.

Tsunami Aus dem Japanischen stammende Bezeichnung für eine durch ein Erdbeben ausgelöste Welle.

Überschiebung Ein Bruch in Gesteinsschichten, bei dem sich eine Schicht (Hängende) in einem Winkel von weniger als 45° über die andere (Liegende) schiebt.

Van-Allen-Gürtel Strahlungsgürtel der Erde, in dem das Magnetfeld der Erde Teilchen des Sonnenwinds einfängt.

Verwitterung Zerkleinern und Aufbrechen von Material durch beständige chemische und physikalische Prozesse.

Vulkan Aus Lava, pyroklastischem Material oder einem Verbund von beidem geformter Berg.

Wasserstoff Häufigstes und leichtestes Element im Universum; Hauptbestandteil von Sternen und Galaxien.

Wolke Sichtbare Ansammlung von winzigen Partikeln wie Wassertropfen oder Eiskristallen, die in der Luft verteilt sind. Wolken bilden sich in der Atmosphäre, wenn Wassertröpfchen an „Kondensationskernen" wie Rauch-, Staub- oder Rußpartikeln kondensieren.

Wüste Heiße oder kalte Zone, in der die jährliche Niederschlagsmenge weniger als 25 mm beträgt.

Zelle Kleinste lebende Einheit eines Organismus.

Zellulose Faseriges Kohlenhydrat, das von Pflanzen als Struktursubstanz produziert wird.

Zementation Prozess, bei dem Sedimente ihre Porosität verlieren. Durch chemische Ausfällung lagert sich Material zwischen den Sedimentkörnern an und führt zur Versteinerung.

Zyklone Dynamisches Tiefdruckgebiet (nicht zu verwechseln mit Zyklon = tropischer Wirbelsturm).

Zytoplasma Bestandteil eukaryotischer Zellen; begrenzt durch die Zellmembran und die Membranen der Zellorganelle.

REGISTER